R.N.Elliott's Wave Principle

小罗伯特·普莱切特 点评版
艾略特波浪理论

[美] R.N.艾略特 著
荣千 译

立信会计出版社
LIXIN ACCOUNTING PUBLISHING HOUSE

图书在版编目（CIP）数据

艾略特波浪理论/(美)艾略特著；荣千译.--上海：立信会计出版社，2016.6
（去梯言）
ISBN 978-7-5429-5017-8

Ⅰ.①艾… Ⅱ.①艾… ②荣… Ⅲ.①股票市场-市场分析 Ⅳ.①F830.91

中国版本图书馆CIP数据核字（2016）第101897号

策划编辑　蔡伟莉
责任编辑　蔡伟莉　彭秋龙
封面设计　久品轩

艾略特波浪理论

出版发行	立信会计出版社				
地　　址	上海市中山西路2230号		邮政编码	200235	
电　　话	（021）64411389		传　　真	（021）64411325	
网　　址	www.lixinaph.com		电子邮箱	lxaph@sh163.net	
网上书店	www.shlx.net		电　　话	（021）64411071	
经　　销	各地新华书店				
印　　刷	固安县保利达印务有限公司				
开　　本	720毫米×1000毫米		1/16		
印　　张	14.75		插　　页	1	
字　　数	178千字				
版　　次	2016年6月第1版				
印　　次	2017年11月第2次				
书　　号	ISBN 978-7-5429-5017-8/F				
定　　价	36.00元				

如有印订差错，请与本社联系调换

R.N.Elliott's
Wave Principle

译者序

拉尔夫·纳尔逊·艾略特是波浪理论的创始人。他原本在一家经营美国中央区与墨西哥间的铁路公司，担任会计的工作，这段期间，他因为在会计方面的专业表现而赢得了美名。1920年，艾略特移居纽约，因为他的专长被美国政府所赏识，成为美国国际计划的一员，并于1924年被美国政府指派，至尼加拉瓜担任主会计长。1927年，艾略特由于患病回到加利福尼亚家乡。58岁的艾略特虽然卧病休养，但却凭着天生所具有丰富的冒险精神及行动力，一头扎进了证券市场投资行为的研究之中。艾略特在疗养期间收集了75年来美国证券市场指数的数据，除了年线、月线、日线外，他甚至对半小时线都加以认真研究。

1934年11月28日，艾略特写信给在投资顾问公司任股市通讯编辑的查尔斯·柯林斯，告诉了他自己发现了市场行为的关键——波浪理论，包括波浪终止的识别，浪级的分类以及时间的预测。美国股市在1935年第1季跌破了1934年的低点，这次暴跌让投资人及经济学家都惊慌失措，很多人相信美国股市的未来将一片黑暗。就在跌势的最后一天，艾略特以电报告知柯林斯：跌势不但已经结束了，而且还会走出一大波上升行情。之后数个月的行情证明艾略特是对的，艾略特因此一举成名！

1938年，被艾略特折服的柯林斯帮助他出版了《波浪原理》（*The Wave Principle*）一书，并且举荐艾略特担任了杂志的编辑；1939年，艾略特又在《金融世界》（*Financial World*）杂志上发表了若干篇关于波浪理论简单应用的文章；在1946年，也就是艾略特去世前两年，他完成了波浪理论的集大成之作《自然法则——宇宙的奥秘》（*Nature's Law–The Secret Of The Universe*）一书。1948年，艾略特因病去世，结束了其波澜万丈的一生。

艾略特去世后，他的理论仍旧帮助更多人走向了成功。

艾德森·B.高尔德利用波浪理论作了三次著名的预测：1963年，他预测出道琼斯工业股平均指数在1966年7月的1 066点见顶；1972年10月，他预测出指数在1974年10月和11月底的550～650点区间内出现最低点；1979年11月，他预测出了1990年1月11日3 475点的道指顶峰，成功地指出了摆在面前的上升潜力范围。

1960年，A.汉密尔顿·博尔顿作出了道指在999点见顶的著名预测，6年后道指几乎分毫不差地到达这个位置；1970年，A.J.弗罗斯特利用波浪理论成功预测出"道指的572点"；小罗伯特·R.普莱切特则准确地预测出了2008年的金融危机……

《艾略特波浪理论》收入了《波浪原理》《〈金融世界〉文章集》《自然法则——宇宙的奥秘》3本艾略特著作。作为当今股市运用最多，也最难理解和精通的分析工具，大多数投资者对于波浪理论都如雷贯耳，但是能够真正理解并正确运用波浪理论的人却少之又少。关于波浪理论，市场上流传着种种传说，传说中又掺杂着不一而足的谬误，其中有很多是后世引申而来的。因此，我们重译了艾略特存世的3本著作，让投资者能够领会原汁原味的波浪理论，并应用于自己的股市实战中。

译者序

　　由于水平所限，翻译中难免存在错误和不足之处，敬请大家谅解并提出宝贵意见。也希望本书能够为对波浪理论感兴趣的读者朋友提供一些帮助，让波浪理论真正成为自己的投资利器，在投资之路上越走越顺畅！

2016年2月

R.N.Elliott's
Wave Principle
导读

　　《艾略特波浪理论》是一部奇书，誉满天下也毁满天下。

　　虽然备受争议，但作为优势明显的技术工具，波浪理论几十年来纵横于证券期货等投机市场，对投资者影响之深，几无人可与之争锋。

　　作者艾略特是一名出色的会计师，也作为普通股民炒过股票，战绩平平，但却不乏感悟。退休后他的事业再次出发，历时3年对美国股市的历史数据进行系统研究，最终发现了波浪理论，并因在1935年判断股指大底而名噪一时。他去世后，该理论被尘封了40年，后因罗伯特的发掘研究并据此神奇预测出20世纪80年代大牛市而满血复活，并风靡至今。

　　凭借非凡的观察力和创造力，艾略特发现了大海波浪的规律，进而发现自然和人类的集中活动也都遵从波浪运动规律，当然也包括投机市场。以此为逻辑原点的波浪理论虽时常被质疑，但由于其拥趸无数，该理论被广泛运用于预测和实战，而且许多术语还成了投资圈的日常用语。这其中，必有深刻的内在逻辑，不是用简单的褒贬就可以定论的。

　　艾略特认为，识别波浪的主要作用是研判所处的历史位置，以及可能的趋势发展。价格波动的规律是一浪未息一浪又来，若能识别和掌握波动规律，则能获取波浪的价差；反之，就有可能被波浪所吞噬。波浪理论暗合了大多数的技术分析理论,为市场分析提供了严密思考的基础,对未来市场提出了明确的展望,所以该理论具有很高的实用价值,被誉为不可多得的预测利器。波浪理论要说的是,虽然未来是不确定的,但筛选出几种大概率走势是可能的,投资者只需从中选择最贴近当下行情的,并在实战中不断修正即可。

我对波浪理论的认识,也经历了五个波浪:

第一次读这本书,仿佛一下子置身于技术的蓝海,领略到了一种近乎海外仙岛般的探寻。我了解到,在发现波浪的自然规律后,艾略特通过大量的统计和分析,对美国股市进行了实证研究后设计出了目标测算的方法,并在研究性预测中取得了极高的准确率。我还了解到,艾略特还用康德拉吉夫周期和其他理论的结合,说明了市场动力来自斐波那契数列,这是自然的力量,神秘而精准。读完一遍后,适逢许沂光用波浪理论公开预测中国股市,他的结论是1994年7、8月份要爆发猛烈的第三浪的上攻,事后证明他在时间和空间上都是正确的,此后我对波浪理论就更加上心了。对我来说,这是第一波推动浪。

第二次读这本书,我认真地消化了各种复杂的数浪规则,并据此设计出了详尽的交易计划,但几个月实战下来的结果却是事与愿违。即使如此,我也不敢去质疑过这个理论,只是认为自己的水性不好,适应不了市场的波浪。当时我想,一个完整的建仓平仓过程必须基于数浪,这是波浪理论的精髓,但是如何去把握却是一个莫大的难题。因为波浪的等级很难划分,而且是浪中有浪,所以深感不得要领。周围一起学习波浪的人也说,这个理论太抽象太不确定了,100人数浪会得到100种结果。当时,上证突破777点达到了1 052点,按说该走出五浪形态了,大家都满怀信心地等待,但不久却出现了大幅回落,专家轻飘飘地说这属于五浪失败,但我们损失的却是真金白银,真是创深痛巨。这番经历使我感觉波浪理论在运用中稍有不慎就会适得其反，所以并不适合于实战。对我的信心来说，这是一波深刻的调整浪。

第三次读这本书，我认真研读了其中晦涩的部分，包括作为支撑的经济、数学和哲学原理，方觉天道广阔。之后我又开始认为波浪理论是一种大智慧，对认识和把握市场有很高的价值，不深入进去就无法真正理解。这个理论要求在使用过程中对走势要有弹性看法，要根据波浪的法则筛选出几种可能，然后根据真实走势加以优选。对识别趋势，波浪理论还是有确定性的方法的，确认波浪性质则取决于对趋势的确认，与趋势方向相同的就是推动浪，否则就是调整浪。其中的原则，比如主升五浪中第三浪一定不是最短的浪和第四浪底一定不能低于第一浪的浪尖，经过在期货市场上的实践，也是大概率的准确。这一段时间我在做外汇，在跟踪美元的趋势时，以波浪理论为原则，以移动平均线和MACD为依据，取得了不俗的战绩。虽然波浪等级的划分还是个问题，但根据书中的原则确定了几种可能，然后按照实际变化在操作中采取适当的动作，对交易的指导作用还是很明显的。我更加认同波浪理论了，这是对我的第二波推动浪。

第四次读这本书，结合操作中的得失，我又重新开始审视波浪理论了。海洋的波浪是天体引力造成，这是有确定性的，但市场的波浪是什么引力造成的，有确定性吗？我的答案是没有。因为没有确定性，所以波浪才需要多重假设，波浪分割可以修改，波浪要等到走完后才能给予定性，这是滞后的。在实操中，我根据以前的经验用标准的波浪分割模式对瑞士法郎和英镑进行了预测，并以此为入市依据制定了交易计划，结果是左右挨耳光，以至于爆仓。事后反思，波浪理论不可以直接套用到外汇市场，因为如果市场波浪都是总体向上的，那么美元和其他各国货币应该都是总体向上的，我们知道这不是事实。我的信心又降到冰点，对我来说，这是第二波调整浪。

第五次读这本书，是立信版的《艾略特波浪理论》。这个版本翻译水平

3

很高,可读性大大增强,于是重新有兴趣深究了其中的奥秘。这次读完后,我认为立信版是学习《艾略特波浪理论》的首选,不但译文流畅,而且没有人为的解释和附会,可以更清晰地追踪大师的思维过程。艾略特深入研究了群体行为倾向,把经济运动、生态周期、人的情绪变化都转换成为可辨认的形态,这可以解释一切社会情绪的变化,运用在股市中,更是得心应手。其实我早已不怎么用波浪理论了,但头脑中还是有浪型的存在,并内化在实战上了。我进一步认识到,善用波浪理论比不善用或不会用的人在认识和操作能力上有质的差距。这次阅读成为我认识和运用该理论的第三波推动浪。

艾略特认为,因为通货膨胀和生产力水平的总体趋势都是提高的,所以股市必然会呈现结构性的膨胀,所以股票的价格运动主要以上升趋势为主、下跌趋势为辅,下跌总的说来是对上升的调整,螺旋式上升是股价的运动规律之一。根据这个思想,在中国目前的股市我们可以选择质地优良的股票长期持有,就可以大概率地博取到大波浪的收益,这也和价值投资理论不谋而合。

时至今日,关于波浪理论的论战还在不断升级,这更说明了该理论的价值。经典技术分析认为价格说明一切,波浪理论则认为形态更能说明一切,这种另辟蹊径的思想是对传统理论的直接挑战。一般来说,人们愿意支持或争论的是同源但不同分支的观点,但对不同源的观点则倾向于全盘否定,这就是波浪理论备受质疑的根源之所在。

我们涉足投机市场的目的是赢利,而不是为了捍卫或贬损某一理论的。你可以不喜欢波浪理论,但一定要对它有所了解,因为市场中很多人都在使用,他们是市场合力的重要组成部分。

刘海亮[1]

---

[1] 刘海亮,职业基金管理人,财经作家,著有《从一万到一亿》《撤单》等。

R.N.Elliott's
Wave Principle

目 录

第一部分 波浪原理

第一章	波浪原则与股市的波动	3
第二章	奇数浪与偶数浪的识别	7
第三章	波浪命名法	13
第四章	第5浪和调整浪特征	19
第五章	延伸浪	39
第六章	不规则顶部	49
第七章	涨跌速度、成交量与图表分析	51
第八章	股价走势图应用分析	57
第九章	波浪理论的实际应用	61
第十章	调整期走势预测	65
第十一章	其他领域中的波浪理论	71

第二部分 《金融世界》文章集

预告篇	"波浪理论"	77
第一章	周期循环概述	79
第二章	完整的波浪运动	83
第三章	绘制通道方法	87
第四章	预测股市变化	91
第五章	熊市调整循环	95
第六章	重要浪级第5浪	99
第七章	调整浪形态	101
第八章	三角形调整浪	105
第九章	循环浪	111
第十章	循环与亚循环	115
第十一章	波浪理论的实际应用	119

第三部分 自然法则——宇宙的奥秘

第一章	吉萨大金字塔的秘密	125
第二章	神秘的自然规律	127
第三章	人类活动	135
第四章	人类活动的特征	137
第五章	调整浪	141
第六章	交替原则	151

第七章　算术刻度 153

第八章　实例说明 155

第九章　13年三角形 161

第十章　膨胀 167

第十一章　金价 169

第十二章　专利的数量波动 173

第十三章　技术特征 177

第十四章　道琼斯铁路股指数 181

第十五章　消息的价值真相 185

第十六章　如何绘制走势图 189

第十七章　最佳投资时机 193

第十八章　选股的原理 195

第十九章　金字塔形符号 199

第二十章　循环运动定律 201

第二十一章　"大萧条"的谬误 205

第二十二章　个体的情绪循环 207

第二十三章　毕达哥拉斯 209

第二十四章　碎片分析 213

第二十五章　1942—1945年的美股大牛市 215

The Wave Principle

第一部分
波浪原理

注：本部分内容发表于1938年，为美国证券分析家拉尔夫·纳尔逊·艾略特(R.N.Elliott)原著新译。艾略特以波浪法则解释市场的行为，并特别强调波动原理的预测价值，他的波浪理论帮助无数股民洞悉股市，是我们最常用的趋势分析工具之一。

第一章
波浪原则与股市的波动

世间万事皆有其运行法则，有生命的和没有生命的事物本身都存在着一定的运行规律，因为大自然本身就是在以自己的方式运行，亘古如此。既然规律最重要的特征就是秩序，那么如果我们明晰了规律，就能预见事物未来的发展趋势。

人类与太阳和月亮没什么两样，都是自然的产物，因此我们认为人类社会行为的发生也是可以测度和分析的。大量关于人类行为的研究表明，由社会经济的进步所带来的社会各方面的发展，事实上都在遵循着某种特定的法则，这就使得社会经济发展本身会按照某种稳定的模式发展，不断重复与以往相似的波浪式脉冲。随着时间的流逝，你会发现这些波浪或脉冲的强度其实是一致的。为了更好地说明和论述这一现象，在研究中引入人类的活动是十分必要的，股票市场为我们提供了众多可靠的数据，它显然是个不错的选择。

有两个原因使得人们对股票市场非常关注：

其一，除了股票市场，还没有哪个领域能有那么多预测未来的文章，但能够预测成功者却寥寥无几。经济学家、统计学家、技术人员、商业领袖以及银行家都尝试预测纽约证券交易所市场中股票未来的价格，甚至还出现了一种以市场预测为目标的职业。然而就在1929年，美国有史以来最大的牛市突然之间变成了最大的熊市，套住了几乎所有对熊市缺少警觉的投资者。甚至连很多大的投资机构也损失惨重，尽管他们每年花费数十万美元用于研究市场，但因为股票套在手里的时间太长，所导致的价格缩水使其遭受了数以百万计的经济损失。

其二，之所以选择股市作为经济社会活动的代表来阐释我的波浪理论，是因为这样做有非凡的价值——只要能够成功预测股市的未来走势，它就必能带给你巨大的经济回报。即便只是碰巧对某个特定时间段的股市预测成功，都能在短期内赚取巨额财富。比如，在1932年7月至1937年3月的上涨行情中，30只主要的代表性股票的平均指数上涨了惊人的373%。而在这一轮持续时间长达5年的牛市中，个股所上涨的比例更是让人惊叹。当然这些上涨并非呈直线性的单边上涨，而是经过了一系列涨涨跌跌、震荡攀升的步骤，或者说是持续数月之久的"之"字形运动。这些小范围价格波动的存在实际上为我们提供了更多的获取利润的机会。

就像自然界的其他事物一样，股票市场自有其运行法则。虽然从表面上来看，每天的价格波动是杂乱无章的，但是进一步对市场进行研究就会发现，事实并非如此。我们可以看到市场有节奏或者说是有规律、可测量地持续运动着。只有从正确的角度看待市场并进一步分析才能发现市场背后的规律。在接下来的章节里，我将说明通过以往的市场运动记录下来的揭示人类反应的规律或者韵律，这种规律或者韵律事实上是按照一种确定的波浪原则波动而形成的。

第一部分 波浪原理

波浪原则是一种在每一个人类活动中都会发挥作用的规律。不管是否存在一种记录体系，不同级别的波浪都会暗自出现。如果符合下述情况，那就表明波浪模式是完全适用的，经验丰富的人可以从中看出其运行模式。这包括如下情况：

（1）以公司为代表进行的大规模商业活动，且公司的所有权高度分散；

（2）一般市场，在那里买卖双方可以经由代理人快速接洽；

（3）完整可信的记录及发行的交易记录；

（4）关于公司一切事务的充分的统计数据；

（5）能够揭示所有浪级的每日最高、最低价图表。

股票交易的每日价格记录从1928年开始，而小时价格记录从1932年开始，为了便于观察小浪和细浪，特别是快速变动的市场，这些记录是非常有必要的。

波浪理论不需要两种平均价格指数的相互印证，每一种平均指数、股票群、个股或是任何人类活动都可通过自己的波浪进行研判。

一次完整的波浪运动是由5浪组成的。为什么是5浪而不是其他数字呢？这是宇宙的秘密之一。我不会对其中的原因进行解释，但还是有必要说明一下，其实我们很容易看出数字5在其他基本的自然模式中的重要性。比如人的躯干有5个延伸——一个头，两条腿，两条手臂；头上有5个延伸——两只耳朵，一双眼睛，一个鼻子；每只手臂有5个延伸——五根手指；每只脚上也是各有五个脚趾；人具备5种感官——味觉，嗅觉，视觉，触觉，听觉。在其他很多地方还会看到同样的情况。

任何一次完整运动中的5浪，其中有3浪会与整个浪型的运动方向相同，另外2浪的方向则会相反。浪1、浪3和浪5代表前进的动力；浪2和浪4则是反向浪，或者说是修正浪。这条规律也可以换句话说：奇数浪指示主要方向；偶数浪则与主方向相反（如图1所示）。

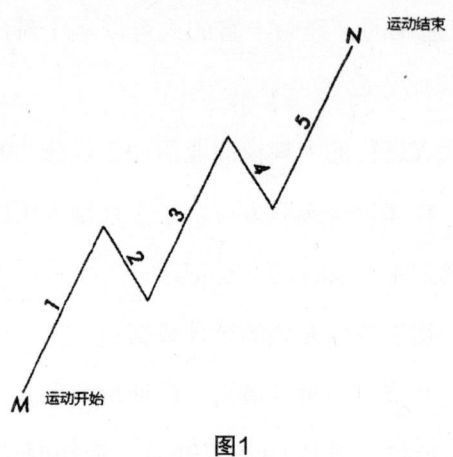

图1

一个维度上的5个浪会成为下一个更大维度或浪级的第1浪。比如说，在图1中从点M行进到N的5个浪，图2表示的运动与图1的相比是更大级别的浪型运动。从图中可以看到，从M到N成为从M到R的5浪运动中的1浪。以此来推，从M到R的波浪运动也将会成为下一个更高级别浪级运动中的1浪。

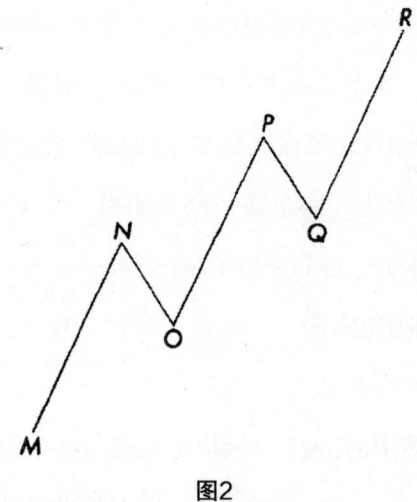

图2

第二章
奇数浪与偶数浪的识别

我在之前的讨论中只是对股票价格的波浪运动进行了一般处理，所要确定的要点是：一轮股价波动是由5浪组成，而这一轮波动的5浪实际上等同于下一个更高级别波动的第1浪。现在我要介绍波浪运动的第二个基本概念，它主要是探讨波浪运动中奇数浪和偶数浪的差别问题。

请回忆一下，第1浪、第3浪和第5浪是主要方向上的驱动力，而第2浪和第4浪则与运动方向相反。第2浪起到修正第1浪的作用，而第4浪起到修正第3浪的作用。主方向浪与反方向浪的差别在于，前者可以细分成5个次一级的浪，而后者只能细分成3个次一级的浪。在前面的讨论中，从M到N的运动如图3所示。

上述运动也可以分解成更低一级的浪，如图4所示。

请注意，在图4中，第2浪（1~2之间的浪）和第4浪（3~4之间的浪）各由3个更小的浪组成，而第1浪、第3浪和第5浪则各由5个更小的浪组成。通过以上叙述可以得出的规则包含了以下两则，它们是整个波浪理论的基础。

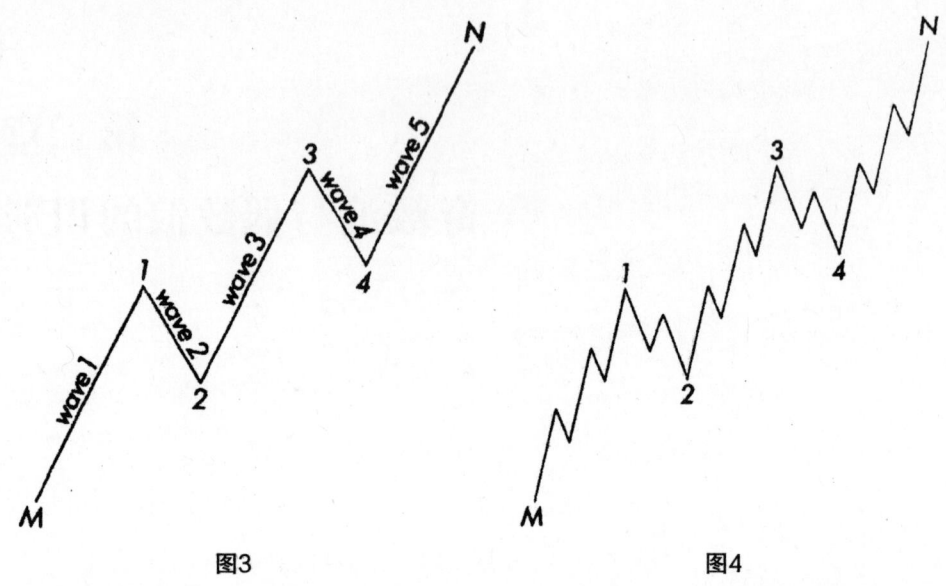

图3　　　　　　　　　　　图4

（1）主方向上的浪，或者说是奇数浪，是由5个更次一级的浪组成的；

（2）调整浪，或者说是与主方向相反的浪（偶数浪）则是由3个次一级的浪组成的。

为了进一步说明上面的规则，让我们对图4中1~2的运动进行考察。这是从M到N的5浪运动中的第2浪，正如所有的调整浪所必需的那样，这个浪型也是由3个浪组成的。而从1~2这个浪型的3浪中，如果独立来看，是一次明显的调整运动。根据上述规则，奇数浪（或者称为浪a和浪c）由于在整个1~2的调整运动方向向上，应该各由5个更小的浪组成。而偶数浪（或称为浪b），与1~2的运动方向相反，应该由3个更小的浪组成。如果我们将1~2的运动用更小的浪级来表示，将会如图5所示。

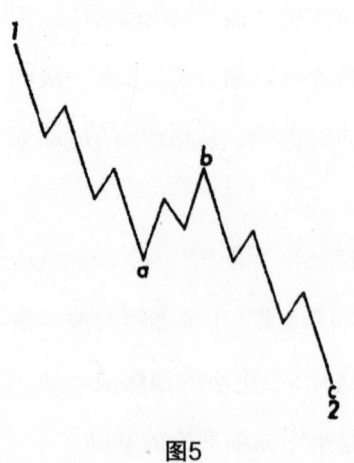

图5

为了方便起见，让我们把一轮运动的奇数浪称为基本浪（cardinal waves），偶数浪称为调整浪（corrective wave）。请记住，基本浪包含5个次级浪而调整浪包括3个次级浪。其他关于波浪的规则和要点则与前面所述别无二致。

波浪运动适用于股票平均指数，如道琼斯（DOW JONES）、标准统计（Standard Statistic）及《纽约时报》（*New York Time*）的平均指数，也适用于股票组合，如钢铁股、铜业股、纺织股，还适用于股票个股的判断。在对个股进行研究时，可能会发现有些股票上涨的时候，其他股票在下跌或处于调整过程中。但是对于大多数个股来说，不论在什么时候，通常都会按照相同的方向模式进行波动，其结果就是平均指数或者说是总体市场将会表现为波浪现象。推而广之的结论就是，某个市场平均指数包含的股票数目越多，那么它所呈现出来的波浪模式就会越完美。

在波浪理论中，波浪一般是没有统一的长度和持续时间的。一轮由5浪组成的完整的波浪运动总是会受到一个或更多控制因素的影响，但是3个上升浪（第1浪、第3浪和第5浪），两个调整浪（第2浪和第4浪）肯定会组成一轮完整的运动，并使自己与当前的发展相适应。这一运动背后的基本因素通常在其影响全部发挥作用（表现为运动的结束）之前无法识别。每个人都了解当前的新闻，因此组成完整运动的5浪的范围和程度都有可能被修正（能够影响股市的消息看起来会影响小浪级以下波浪的形状）。

就一般情况而言，可以假设第3浪将会到达比第1浪更高的水平，第5浪也将走到比第3浪更高的点位。同样，第4浪不应该到延伸第2浪的水平。第2浪很少会抵消掉第1浪所上涨的幅度，第4浪很少会抵消掉第3浪所上涨的幅度。换句话说，完整的5浪运动通常表现为一条对角线，如图6所示。

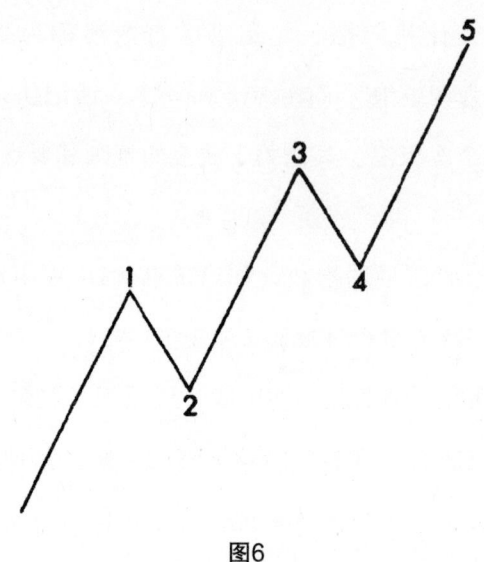

图6

如果想要正确地观察一轮股票市场的波动，并以此来区分这一轮波动中的各个波浪，那么这一波动就必须处于两条平行的直线之间。大多数文具店都有平行直尺出售，显然使用这种工具会有助于我们为股市的波动画出通道。

图7

在第1浪和第2浪结束以前，是没有通道出现的。如图7所示，第1浪和第2浪已经结束，留下3个接触点，也就是图中的3个凸点。第一个接触点是第1浪的起点，第二个接触点既是第1浪的终点，也是第2浪的起点，而第三个接触点则是第2浪的终点。为了便于说明，这3个接触点分别被标记为M、N和O。在画通道时，首先，先连接点M和点O，以这两点为基准作一条基线。经过N点画一条线与基线平行，标记为"上通道线"。这一上通道线应延长到N点右侧。经过如上操作，通道就会如图8、图9所示。

第一部分　波浪原理

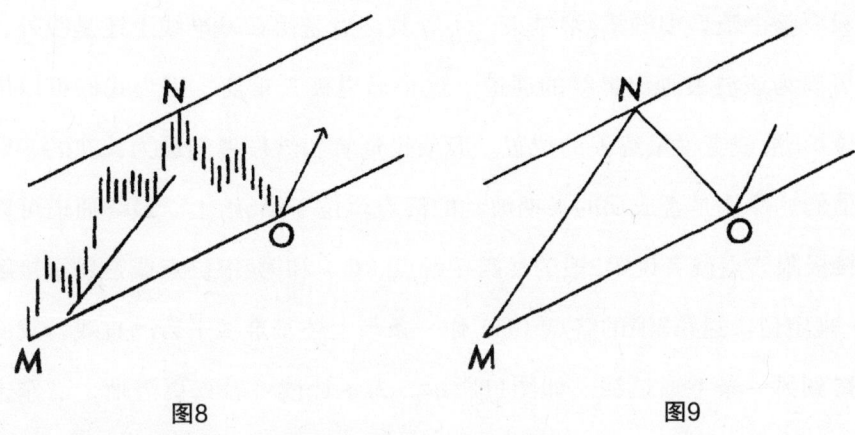

图8　　　　　　　　　　　图9

　　第3浪通常会在上通道线附近结束，如果第3浪成功穿越了上通道线，那就说明上升行情暂时较为强劲，但是如果第3浪的终点位于上通道线以下，那就说明上升运动暂时较弱。无论如何，一旦第3浪结束，就可以抛弃旧的通道用一个新的通道来代替。这条新通道是通过连接N点和P点，或者说第1浪和第3浪的终点而建立起来的。穿过接触点O，与新上通道线作平行线，就可以得到另一条线。我们把这条线仍旧标记为基线，将其延长到P点右侧。第4浪的终点应该就在这条线上。图10显示了旧的或者说废弃掉的通道和新的通道。当然，如果第3浪的终点刚好在原来画的上通道线上，那么废弃掉的通道就会和新通道重合。

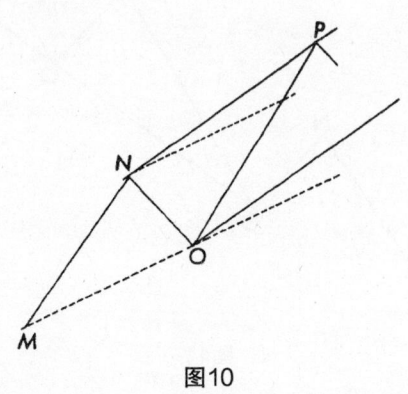

图10

11

只要整个浪型中的第4浪结束，不管其终点是落在基准线上还是线外，我们都可以为该波浪画出最终的通道。这个通道极其重要，因为我们可以依靠它定位第5浪或者说最终浪的位置。股票投资者和炒作者们最为关注的、能够决定他们的操作是否成功的长期波动的终点就位于第5浪上。最终通道可以通过连接极限终点或者说第2浪的暴露接触点（O）和第4浪终点或是暴露接触点（Q）来定位。过第3浪的终点（P）作一条与上述基准线平行的直线，我们就可以得到另一条上通道线。如图11所示。为了让读者看得更清晰，已作废的第一个和第二个通道线已经擦去。通常的规律是，第5浪会在上通道线附近结束。由于这种规律非常重要，这个主题将在后续波浪特征的讨论中还会加以详尽解释。

当第5浪结束后，股市将会出现一轮下跌或者说调整运动，其幅度将比在前面讨论的通道中进行的调整幅度大很多。这会成为下一轮更大级别波浪运动的第2浪和第4浪，此前通道中的前5个波浪现在将被重新编号，成为下一轮波浪运动的第1浪。更大范围的通道可以按照前面描述的原则，从第2浪的终点开始，重新予以绘制。

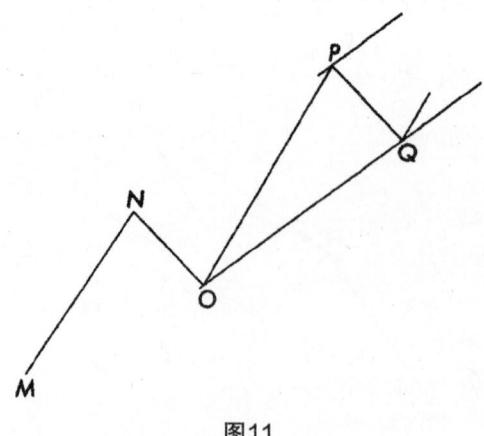

图11

第三章
波浪命名法

在将波浪理论应用于股市的过程中，我们需要对波浪运动进行区分，以分辨股市中的波浪运动与其他领域中的波浪运动的不同之处。因此，设计一些专有名词是非常有必要的，这样就可以把任何一个浪级的波浪与其他更低或更高浪级的波浪区分开来。出于实践应用的需要，下列各个浪级的运动将涵盖股市研究。正如我们在这里所呈现的那样，作为市场趋势研究的学生，我们在对现象进行研究时，不可避免地需要这些分类。表1中的浪级就是按照从低到高所进行的排列，某一级中的5浪组成更高浪级中的第1浪。比如说，5个次微浪组成微浪运动的第1浪，5个微浪等于一轮子浪运动的第1浪，依次类推。顺序如下：

次微浪（Sub-Minuette）

微浪（Minuette）

小浪（Minute）

子浪（Minor）

中浪（Intermediate）

基本浪（Primary）

循环（Cycle）

超级循环（Supercycle）

大超级循环（Grand Supercycle）

为避免产生混淆，上述波浪的命名与图表中波浪对应关系如下表所示。在表1中，任何级别的运动，我们都可以一眼就能分辨出来。

表1

浪级	数字	说明
次微浪(Sub-Minuette)	a～e	小写字母
微浪(Minuette)	A～E	大写字母
小浪(Minute)	1～5	阿拉伯数字
子浪(Minor)	I～V	罗马数字
中浪(Intermediate)	I.～V.	单圈罗马数字
基本浪(Primary)	I..～V..	双圈罗马数字
循环(Cycle)	cI～cV	"c"开头
超级循环(Super cycle)	scI～scV	"sc"开头
大超级循环(Grand Super cycle)	gscI～gscV	"gsc"开头

大家现在还无需对上面表格中波浪的命名和标记方法太过关注，随着学习的深入，你自然会发现它们越来越有用。

1857—1928年的大超级循环浪，我们可以将其称作"第1浪"，但是也可能是第3浪或是第5浪。1854—1857年发生了一次严重的衰退，其持续时间与幅度都与1929—1932年的衰退非常相似。

这次大超级循环的第3浪是整个波浪运动的上升浪，从1857年一直持续到1928年为止，它由5个级别低一级的浪组成。这5个浪合在一起就成为一个完整的超级循环。这一超级循环可以细分如下（见图12）：

第一部分 波浪原理

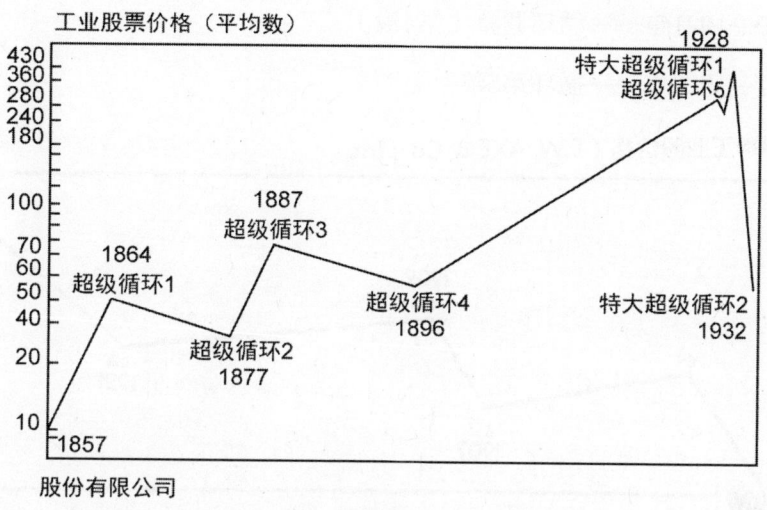

图12

1857—1864年——超级循环第1浪

1864—1877年——超级循环调整（第2浪）

1877—1881年——超级循环第3浪

1881—1896年——超级循环调整（第4浪）

1896—1928年——超级循环第5浪

艾克斯-霍顿指数（Axe-Houghton Index）记录了从1854年开始至今的一些代表性股票的价格（这些股价都在《纽约时报》年鉴上公布过），这是现有的唯一可追溯到目前的大超级循环开始的资料。

为了进一步解释波浪循环理论，让我们从超级周期的第5浪入手，将其细分为更小的浪级。第5浪从1896年持续到1928年，根据前面所说的命名法，我们可以把这称为一个循环，这一循环由5个次级浪组成，如图13所示：

1896—1899年——循环第1浪

1899—1907年——循环调整（第2浪）

1907—1909年——循环第3浪

1909—1921年——循环调整（第4浪）

1921—1928年——循环第5浪

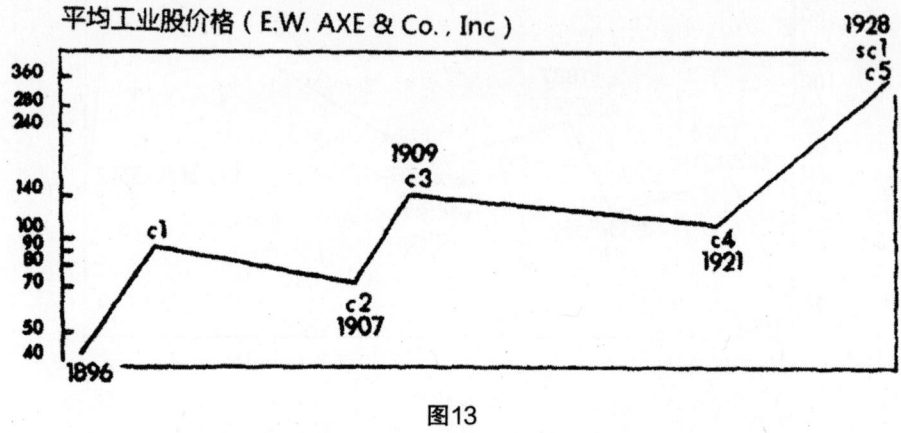

图13

如果这个循环中的第5浪（1921—1928年）再分成更小的浪级，那么它将由如下5个标准浪组成（见图14）：

1921年6月至1923年3月——基本第1浪

1923年3月至1924年5月——基本调整（第2浪）

1924年5月至1925年11月——基本第3浪

1925年11月至1926年3月——基本调整（第4浪）

1926年3月至1928年11月——基本第5浪

同理，在1921年6月至1928年11月的循环浪中，每个基本浪都可以被细分为中浪，这些中浪每个又都可以被分成子浪，不断细分，直到所记录到的最小运动都能得到正确的分析和区分。

1928年11月28日，道琼斯30只工业股票平均价格指数为295.62点，成为大超级循环第1浪中的第5超级循环浪中的第5循环浪中的第5基本浪中的第5中浪的第5子浪中的第5小浪中的第5微浪的终点。换句话说，那些追踪着年、月、周、日、时的波浪运动来研究股市运动模式的人,不会被过去数10年以来任何一段时期的市场趋势所迷惑,他们不仅能够计算出大牛市的年和月,还能够精确到天和小时,甚至还可以预测到分钟。从大超级循环一路细分到最小的运动记录,市场在达到其最终顶点之前,每个更小的浪级都必须由5浪组成。

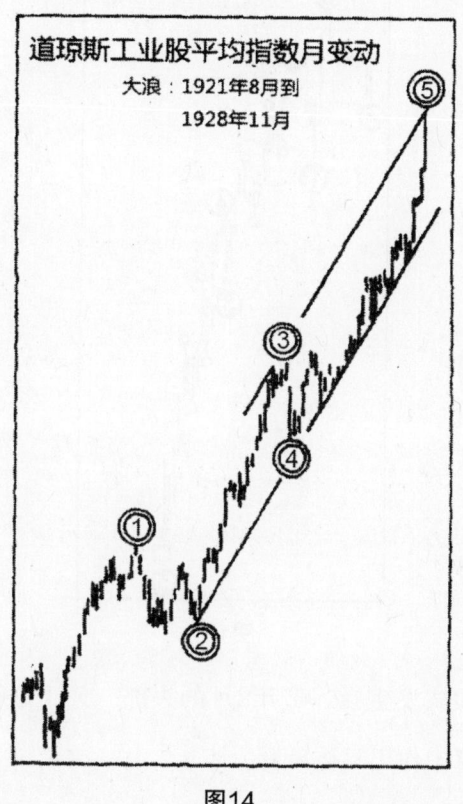

图14

或许你已经注意到,超级循环第5浪的顶部在1928年11月结束(传统意义上的市场顶部),而非1929年的最高点。这之间的记录点如图15所示。

1928年11月至12月的浪A(下降)。

1928年12月至1929年9月的浪B(途中由3个上升子浪构成的一段上涨),处于一种不规则的反转。

1929年9月至1932年7月的浪C。浪C进一步分成5个下行浪，而不规则顶部预示了一波迅速的直线下跌运动。1928年11月的延伸第5浪（子浪）的上升预示了1928年12月的第一次快速的反转下降。

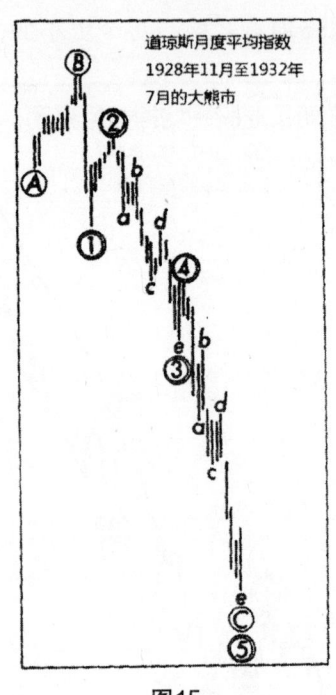

图15

同样的不规则模式发生在1937年8月的头部。关于这种不规则模式，我将会在"调整"这一章中作出具体阐释。

小罗伯特·普莱切特点评

[1] 浪级并非基于特定的价格或时间长度，而是基于形态，形态是价格和时间共同作用的结果。幸运的是，既然相对浪级最重要，那么精确的浪级通常与成功的预测无关。

[2] 一个波浪既可推进更大一级波浪的目标，又可打断它。一个作用浪或顺势浪是任何与其作为其中一部分的大一级波浪同向运动波浪；一个反作用浪或逆势浪是所有与其作为其中一部分的大一级波浪反向运动的波浪。

第四章
第5浪和调整浪特征

在之前的论述中,我尽可能简单地解释了波浪运动中的5浪现象。在本章中我将更加细致地说明,以使波浪运动的学习者能够完全掌握波浪运动的规律,从而可以为自己的价格研究以及其他人类活动的起源和影响的研究做足准备。

股市中的投资者和炒作者通常对第5浪的终点非常关注,因为这一点标志着此前的整个波浪运动将被一个具有同样级别的反转运动所修正。股市波动中的重要参数,如持续几个月的中浪级别波动,持续数年的基本浪级波动等,都将在终点遇到非常大的价格调整,而这样的终点则预示着我们要清空手中所持有的股票。同时,找出股市调整结束的点位也同样重要,因为这些点位是股票长线的建仓价格区间。下面我将全面介绍第5浪和调整浪,并会论述与波浪运动终点有关的其他一些因素。

第5浪

在确定股价的上升或者下跌行情是否已经到达尾声时，读者一定要记住在一轮波动走向终点之前必定会有5个属于次级运动的浪。不用说，这个次级运动中的第5浪必定也有5个更次一级的浪。举例来说，一轮中浪级别的波浪运动将会以第5子浪中的第5小浪中的第5微浪为终点。在图16中，我们可以看到上述原理，第5子浪已经被分解为5个小浪，而其中的第5小浪又被分成5个次微浪。

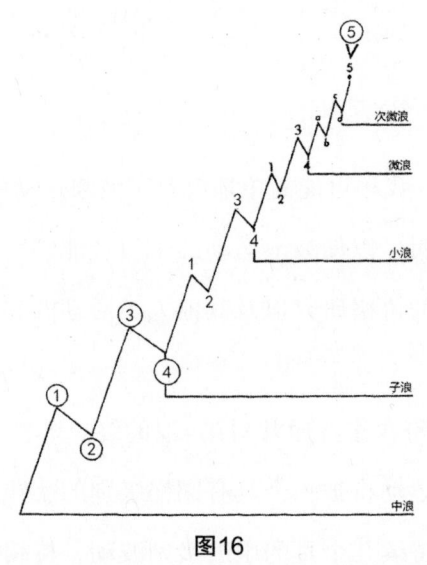

图16

一轮波浪运动中的第5浪，比如说，中浪或者以上级别波浪的第5浪，通常会穿透或者"穿越"（throwover）股价运行的上通道线，这条上通道线是根据先前的介绍，通过第2浪、第3浪和第4浪的终点绘制出的通道得到的，如图17所示。

读者可能会注意到，在股价上穿波动通道的上轨时，成交量往往也会随之上升。如果股票一轮波浪运动的基本轨迹被第5中浪穿越，成交应该放出巨量才正常。如果任一级别的第5浪未能穿透或者说穿越其上通道线，并且很快出现下跌走势，那么这就是市场转弱的信号。而走弱的程度取决于所在的浪级。

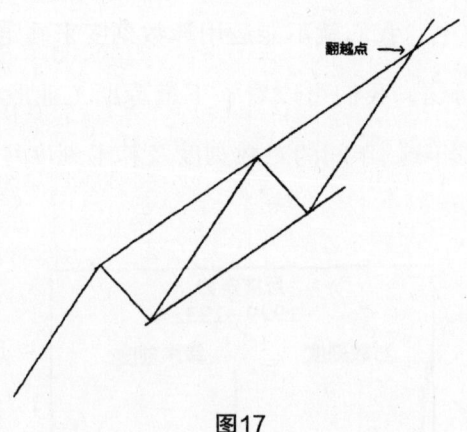

图17

在穿越点附近，有时第5浪不能马上完成，此时第4浪会在第5浪走出之前，出现震荡走平形态（见图18）。

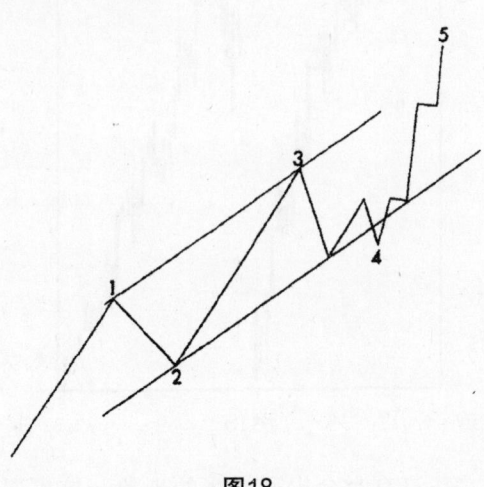

图18

在确定浪型将要穿越上通道线时，我强烈建议在大盘或个股的周线价格走势图上使用对数刻度（log scale）；而对于日线价格或小时价格等短期股价走势图，则建议使用算术刻度。在基本浪或者更高浪级的运动顶部，算术刻度更容易出现穿越的情况，而在上述运动的底部，应用对数刻度更容易出现穿越。在这两种情况下，运用算术刻度则会具有一定的欺骗性。比如说，在30点或更大的波浪中，我们就不能运用算数刻度来确定穿越。为了让读者更清楚地了解这个问题，我们可以看一下道琼斯工业股票平均价格指数，该指数在1929—1932年这3年间的对数刻度及算术刻度月线价格走势如图19所示。

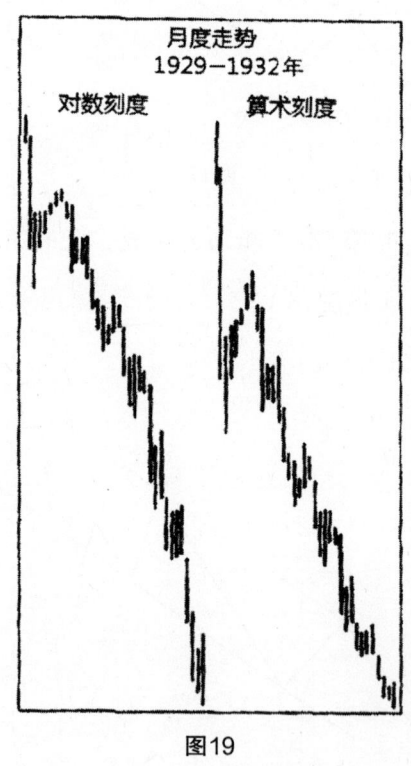

图19

在波浪运动中，第5浪有时会出现扩张的现象，这可以视为"波浪延长"（stretching）的类型之一。当这种情况出现时，第5浪将不会再走出它自身原本所属的波浪运动走势的终点，而是被四个更小浪级的波浪跟随。也就是说,第5浪已经被细分成5个波浪。延长通常是超强(或者超弱,此时伸长会出现在向下的运动中)市场的一个特性。上涨伸长的例子出现在1921—1928年的股市指数上涨中,这是市场72年以来的上涨行情的顶峰。

调整

尽管波浪理论非常简单明了,而且在对股价走势进行预测时极为有用,但这并不意味着其中不存在一些会难倒学习者的微妙细节,这些困难尤其体现在波浪运动刚刚形成的时候。解决这些难点的最佳途径就是通过绘制图表来观察细节。这些例子在理论上是完美无缺的标本,但是在实际的运用过程中,学习者将会发现股价的实际波动模式并不是如此简单。

调整永远是由3个浪组成,它们的形态可以分为4种,但是在其形成的过程中,我们很难看出其确切的形态和波动幅度。一旦波浪成形,我们就可以根据其形态来预计随之而来的股价波动的强度。图20至图23显示的是那些比较小的调整形态,各种形态的总体外形特征在所有浪级中都是相同的。图24至图26展示的形态与上面相同,但是对应的浪级相对来说要更大。

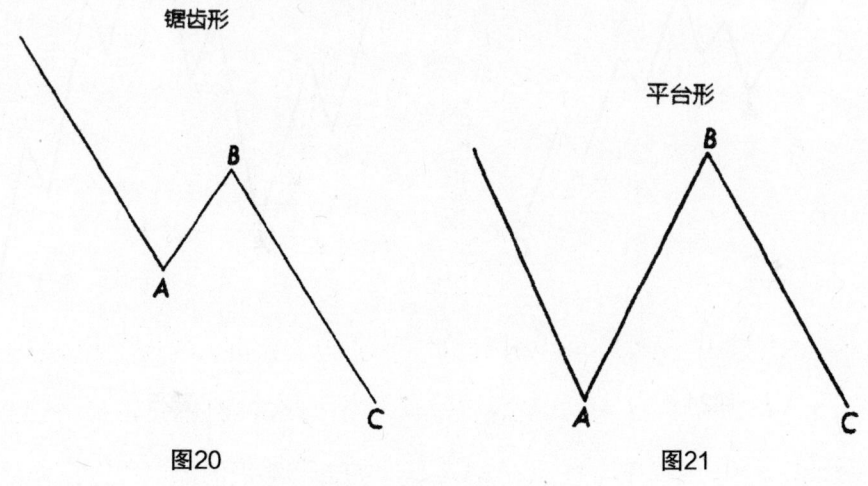

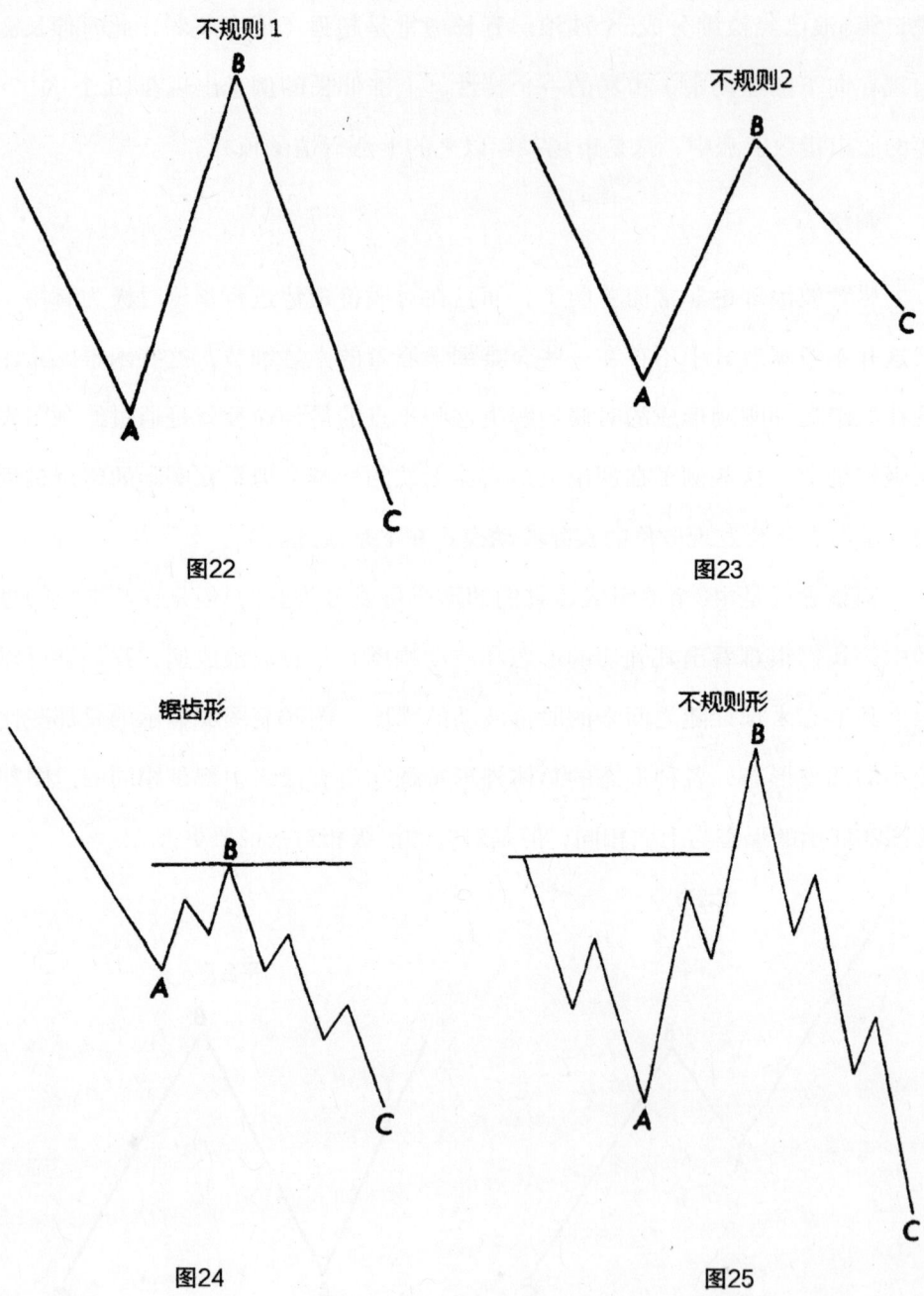

图22 不规则1

图23 不规则2

图24 锯齿形

图25 不规则形

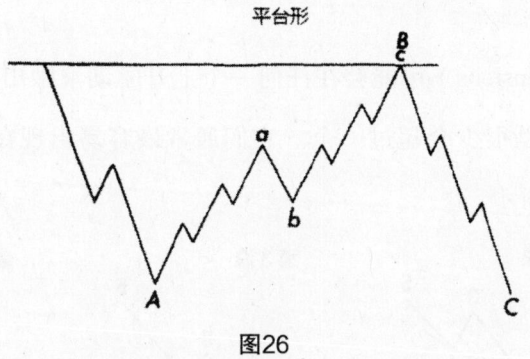

图26

下面介绍的是更大浪级的调整形态。尽管总体上来看与一般形态大体相同，但是在中浪级或基本浪级运动中可以见到的调整浪形更多，如图27至图29所示。

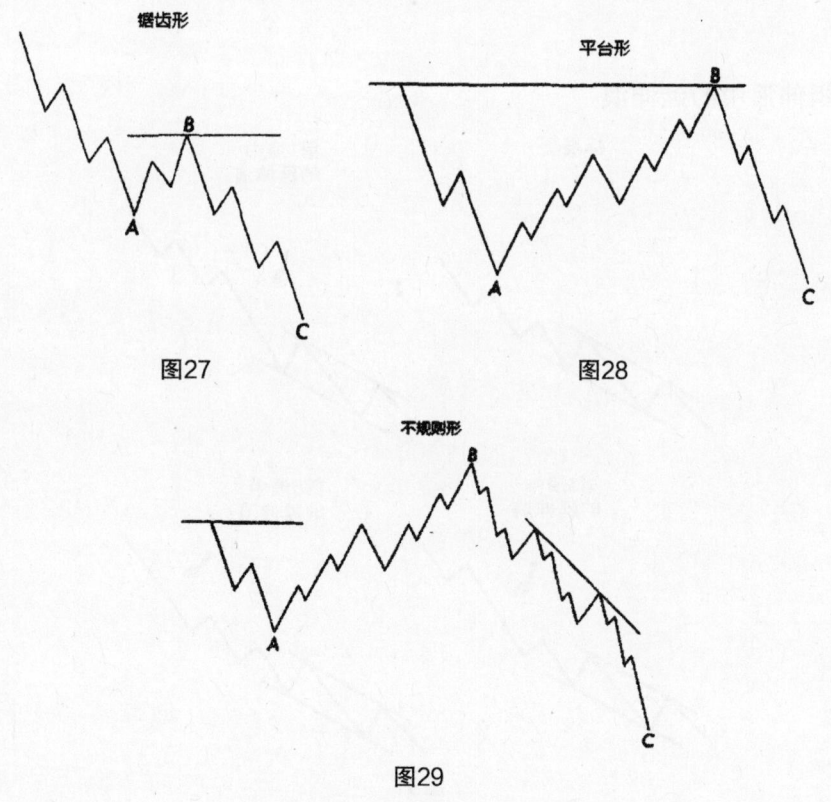

图27　　　　　　　图28

图29

25

延伸浪

延伸浪（extensions）可能会在任何一个上升驱动浪中出现，如第1浪、第3浪和第5浪，但是很少会超过一个。它们通常最容易出现在第3浪和第5浪，具体例子如图30所示。

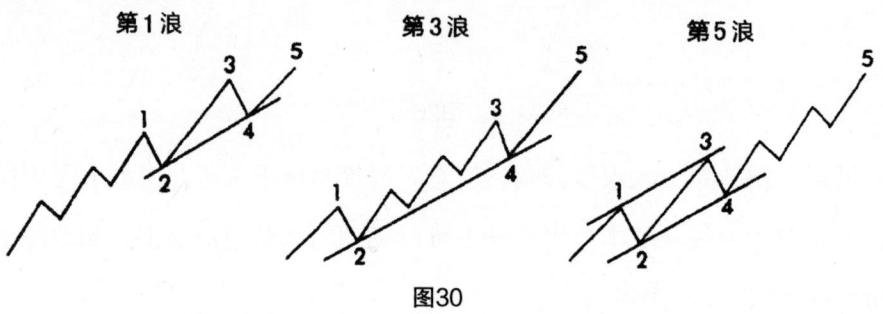

图30

延伸浪中的延伸浪

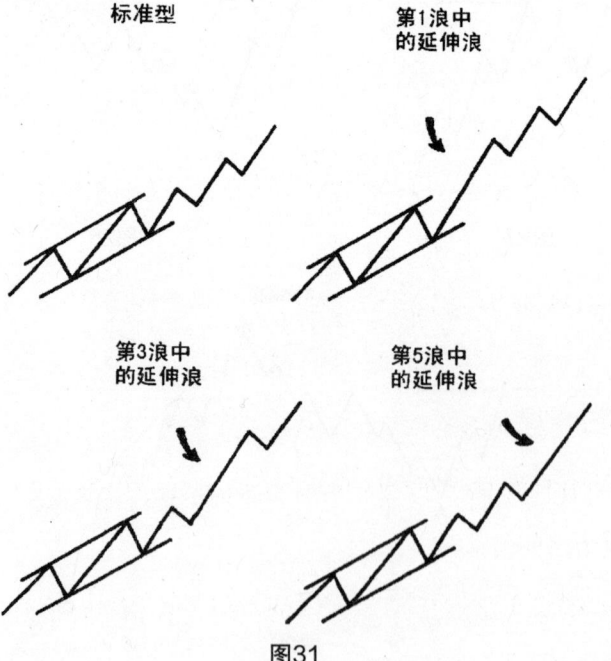

图31

上述原则不仅适用于延伸浪，同样还适用于延伸浪中的延伸浪（extensions of extensions）。图31向我们展示了3种不同类型的延伸浪中的延伸浪，其中第一幅为标准的延伸浪。

延伸浪后的市场行为

对延伸浪进行透彻地了解和掌握至关重要。如果想提前找到出现延伸浪现象的征兆，那么这只是徒劳，而且可能由于某种原因这些征兆根本就不曾存在。尽管如此，了解出现延伸浪后的市场操作，你就可以避免更多的损失，保住既得的利润。这些规则包括：

（1）延伸浪在当前循环中开辟了新区域，并且会有两次回撤（retracement）。

（2）第一次回撤将在延伸浪结束时立即发生，并以3浪形态运行至延伸浪的起点（它事实上成为延伸浪的第2浪）附近。

（3）第二次回撤将会在通常的市场行进中发生，并超过延伸浪。

（4）如果延伸浪出现，比如说恰好出现在第5基本浪的终点（一次大的反转会从该点开始），那么第一次和第二次回撤就会成为不规则调整浪中的浪"A"和浪"B"。这也符合双回撤的原则。而浪"C"将会由5个下行浪组成，它会迅速下跌，并且很可能回到先前牛市中的第5基本浪的起点。

这种特殊调整的唯一例子，是从1928年11月开始下跌，再上涨至1929年9月，然后再下跌到1932年（参见图15）。而1930年反弹为"B"（一个颠倒的锯齿形），可以更好地满足双重回撤的原则。

（5）延伸浪有的时候还会按照相同的规则发生在熊市中，比如说1937年10月期间出现的延伸浪。

（6）延伸浪不可能成为一轮运动的终点（即当延伸浪发生在上升第5浪中时，一个不规则的顶部将会推动市场进入更高的水平，从而把"运动"扩展到第5浪的正统顶部之上）。但这并非意味着，没有了延伸浪就看不到更高或者更低的价位水平。

（7）回撤的意思是，位于两个定点之间的运动轨迹会多次重复出现。比如说，趋势的调整和回复是双重回撤。

如果投资者在向下的延伸浪出现的时候正持有股票并仓位较高，那么他就不应该在此刻卖出，因为市场会立刻以3浪的形式回撤，然后再一次在下行第5浪中出现。尽管第一次回撤会立即出现，而且以3浪方式运行，但第二次回撤可能不会持续很长时间，但它最终会在当前的循环中结束。延伸浪4以及双重回撤如图32所示，然后下跌行情继续。

美国股市中曾经出现过如此重要的延伸浪。

尽管第一次回撤会立即出现，而且以3浪的方式运行，但是第二次回撤可能不会持续太长时间，不管如何，它最终都会在当前的本次循环中结束。延伸浪以及双重回撤的运行模式也如图32所示。

工业股上涨	工业股下跌
1925年7月~11月	1929年11月
1928年10月~11月	1937年10月
1933年7月	
1936年3月	铁路股上涨
	1936年2月

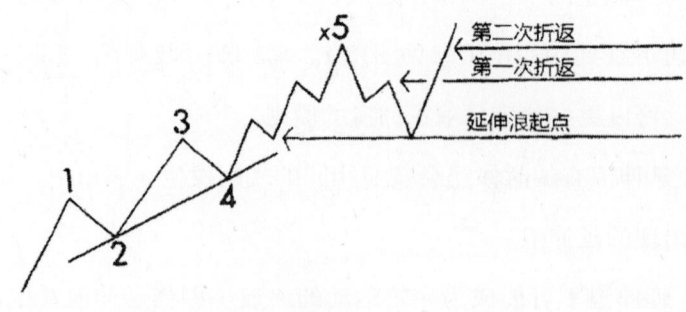

图32

第一部分　波浪原理

不规则调整

我们已经介绍了各种各样调整浪的例子，但还有一种类型没有说到，那就是作为前一轮运动一部分波浪的调整的情况。类似的例子如图33和图34所示。字母A、B和C代表调整运动中第1浪、第2浪和第3浪，这是不规则形态。请注意，第2浪"B"超过了先前运动的传统顶部（浪5），这是这种类型的调整浪的不同之处。

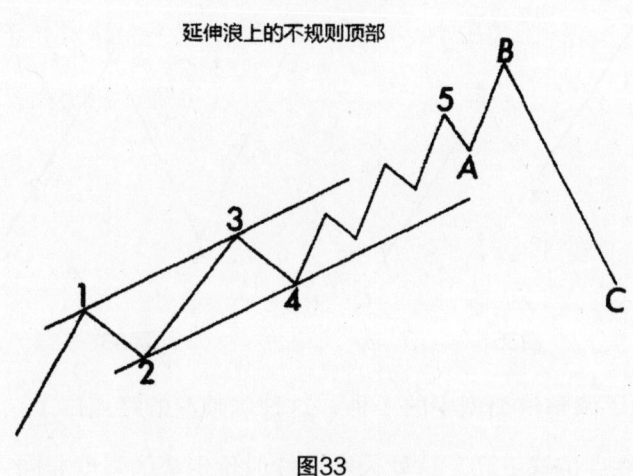

图33

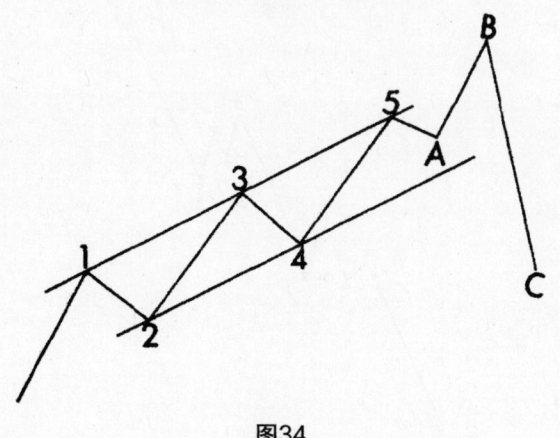

图34

强势调整

实践证明，对于调整浪的研究在预警股价未来是否会强势波动方面很有效。图35是一个规则的锯齿形调整浪，它预示着后面出现的运动强度属于中等水平。而图36是一个平台形调整浪，这意味着后续的股价走势会很强势（见1933—1934年的第4基本浪）。

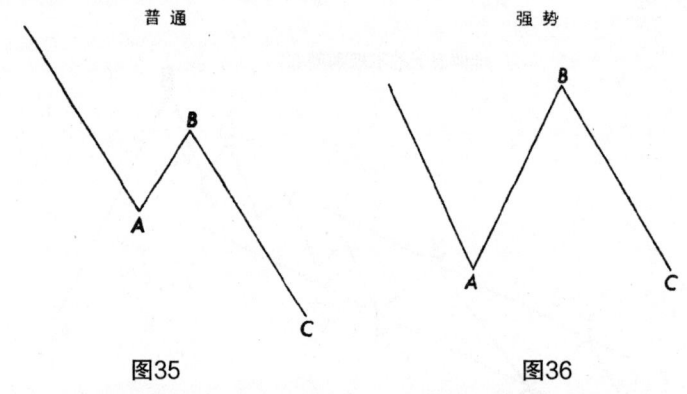

图35   图36

图37显示了调整浪类型中的一种，这种调整浪的终点位于"2"并且比调整浪"A"的终点位置更高。这就表明后续股价走势的强度非同一般（图37中显示的第二次调整更弱些），能够走出较强的上升行情。

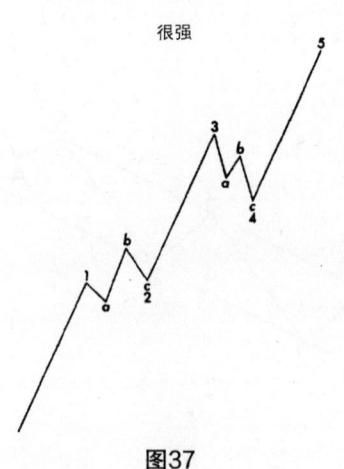

图37

熊市中的调整浪，也就是单边下跌行情后的调整浪，与上升运动后的调整浪的特征相似，但是方向完全相反（见图38至图40）。

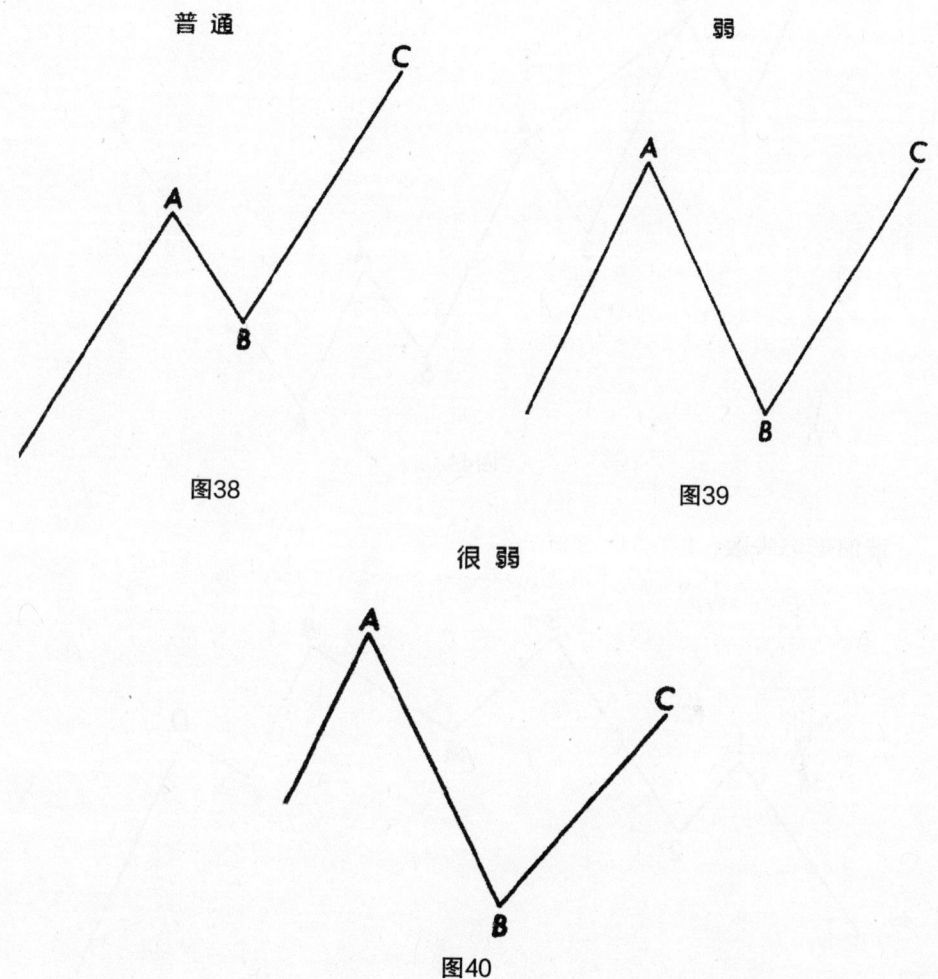

图38 普通

图39 弱

图40 很弱

不规则的调整浪在熊市中也能看到，但是非常罕见。在出现一次5浪下跌后，可能会出现如图41所示的不规则调整浪。

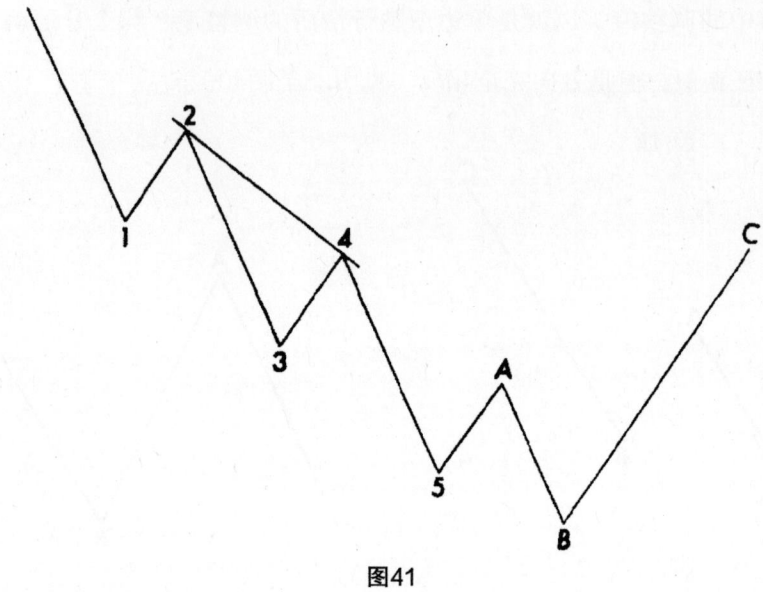

图41

波浪形态失败

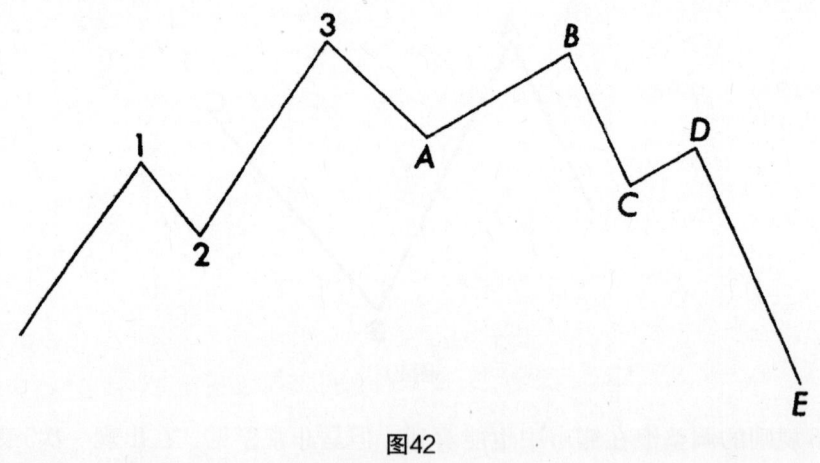

图42

在图42显示的波浪中，第5浪未能完成形态，这时我们应该在"B"点位卖出股票。请注意，从"3"处的顶部位置开始，股票的走势已经是5浪下跌，调整浪应当是由3个浪组成。"B"点是股价走势真正的顶部，从这个点位开始只有向下的3个浪。也就是说，下跌行情从上涨行情那里"偷走"了2个浪。换言之，常规的上升浪是5个，加上3个常规下跌浪，一共有8个浪。但在这种情况下，有3个上升浪和5个下跌浪，总数仍然是8个，但是波浪形态已经发生了很大改变。这种形态非常少见，但却是一种非同小可的预兆。因此投资者应当立刻作出反应，将股票在高位清空。

学习波浪理论过程中的疑惑

当股价走到图43显示的点位时，交易者往往可能不知道接下来的走势会呈现出什么样的形态，比如是延伸浪，还是不规则的调整浪呢？此时，成交量可能会给出明确的答案。我在其他地方曾说过，成交量会在各种调整浪（锯齿形，平台形，三角形）期间萎缩。因此如果最后一浪期间成交量很小，那么它就是一个不规则调整浪中的浪"B"。而如果成交量相对较大，那就说明股价走势正在形成延伸浪。

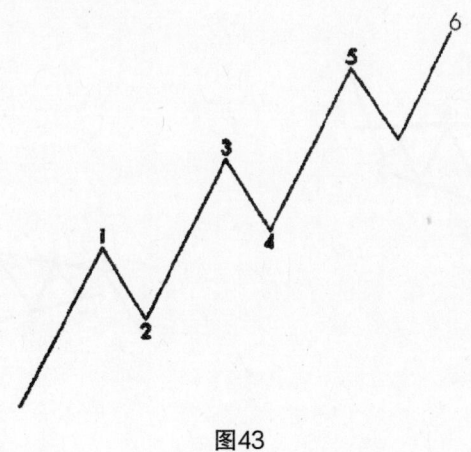

图43

三角形

股价在进行波浪运动的过程中，常会出现逐渐向某一点进行收缩，或者从某一点开始向外扩展的情况，从而形成一种三角形形态。这些三角形非常重要，因为它们指明了在三角形的结束点或顶点附近，市场将会何去何从。

　　三角形可以分为两类：水平三角形和斜三角形。水平三角形表示股价走势出现犹豫，在水平三角形的终点处，股价将会恢复先前的趋势。水平三角形表示股价波动趋势的暂时停滞，其意义与平台形浪相同。在水平三角形形成过程中，如果在第2浪后面出现锯齿形浪，那么一个平台形或是三角形调整浪就会作为整个波浪运动的第4浪出现（见图44）。如果是在整个波浪运动形态的第2浪出现平台形或是三角形调整浪，那么锯齿形调整浪将作为第4浪出现，三角形调整浪总是在一个5浪中的最后一个驱动浪之前出现。因此，三角形调整浪永远不会作为一个5浪序列中的第2浪出现，而只会作为第4浪出现，或者是A—B—C调整浪中的"B"浪出现（见图45）。

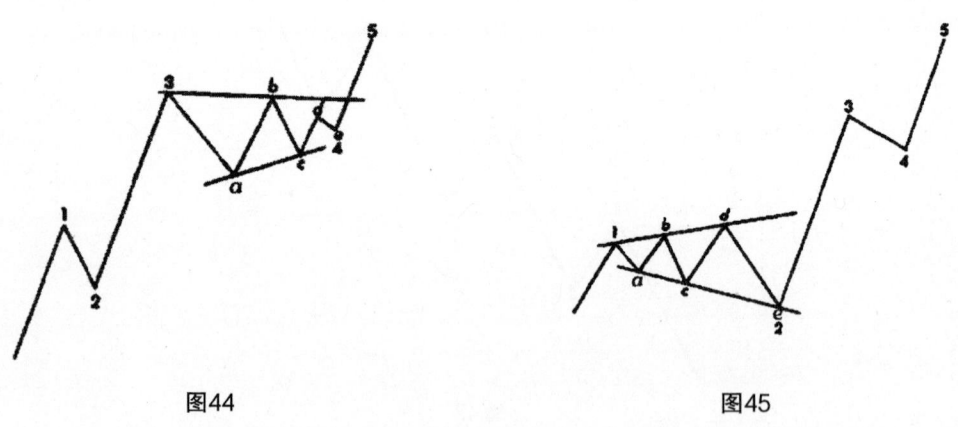

图44　　　　　　　　　　　图45

　　水平三角形有四种类型，如图46所示。

第一部分 波浪原理

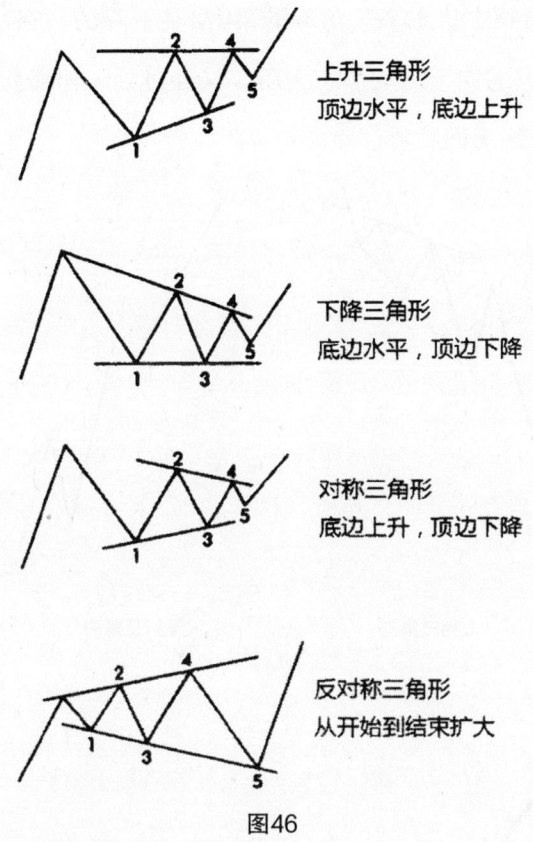

上升三角形
顶边水平，底边上升

下降三角形
底边水平，顶边下降

对称三角形
底边上升，顶边下降

反对称三角形
从开始到结束扩大

图46

斜三角形有两种类型，如图47所示。

经过图示，我们可以看出，无论是水平三角形还是斜三角形，三角形内的波浪运动都包含5个浪。在少于5个浪的情况下，这种三角形就不属于波浪理论所要讨论和研究的范围，应当予以忽略。

对于水平三角形而言，其中最重要的也是最应当引起我们注意的，是三角形刚刚开始的位置。这是因为三角形中的第2浪的位置必须是确定无疑的，而为了确定第2浪的位置，就必须先确定第1浪的位置。第2浪之所以非常重要，是因为当三角形形态结束的时候，股价仍然会沿着与第2浪相同的方向

35

运动。例如，在图48中，水平三角形的第2浪是下降的。在三角形第5浪的终点，在股价走出M—N向下运动形态之后，又经过处于停滞状态的三角形波浪运动之后，市场最终重回跌势。

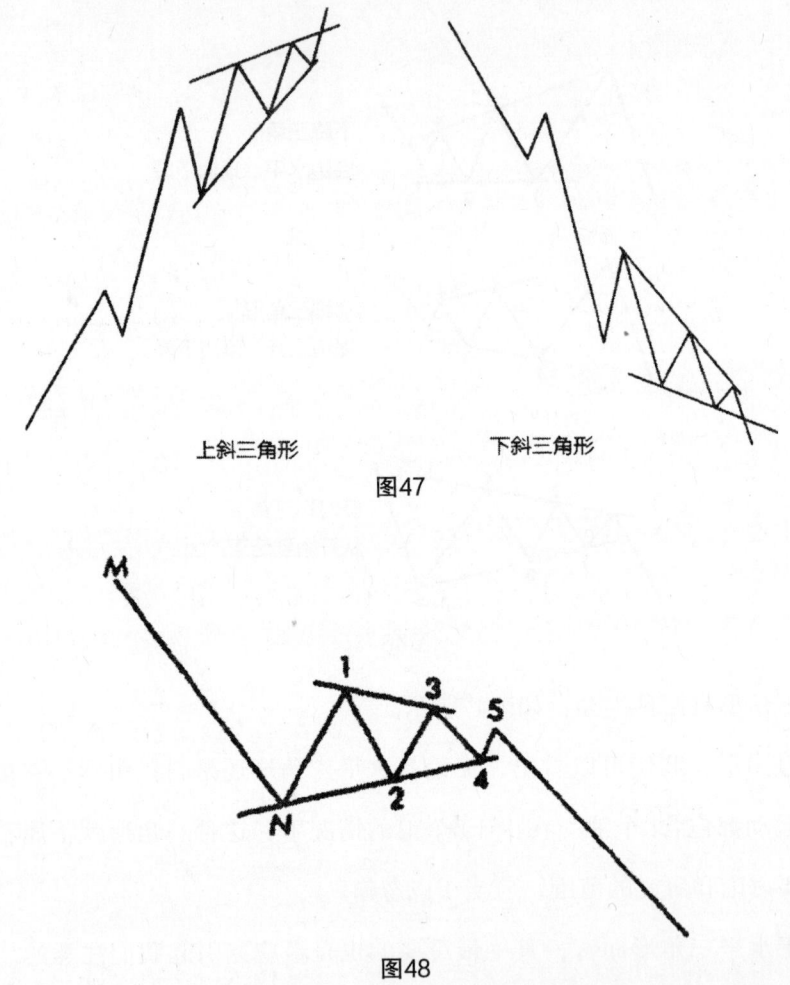

图47

图48

在图49中，三角形5浪之前的记录是向上的。市场在M处筑底向上运动，经过M—N的攀升阶段后停滞了一段时间，股价进行三角形整理，最终再次恢复了上涨行情。

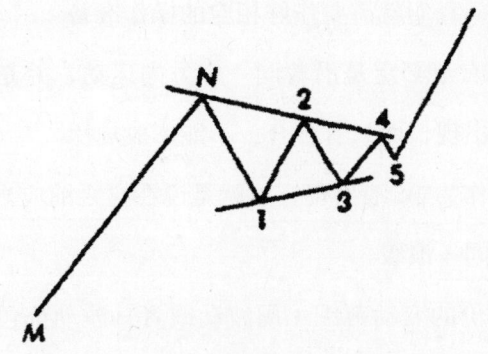

图49

在图50中，上斜三角形中的第2浪向下。市场将会在斜三角的终点反转（即当三角第5浪结束后），并且将如图所示回到三角形的底部位置附近。

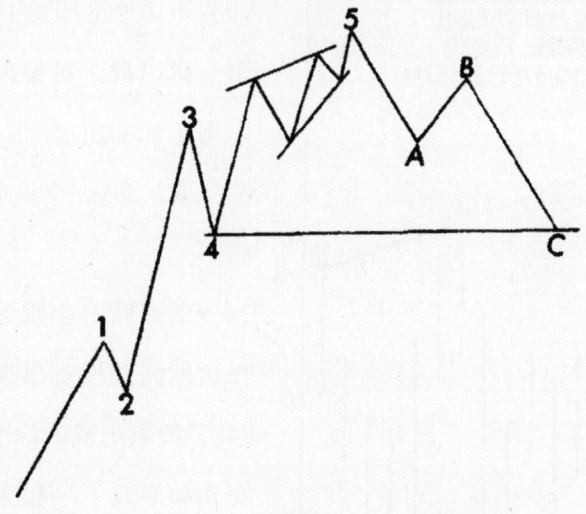

图50

除了反对称三角形之外，所有三角形第5浪常常不能达到它的通道线或者三角形边线。如图50中所显示的那样，第5浪常常会刺穿它的三角形边线。

如果一轮基本运动的最后浪（第5中浪）发展成一个斜三角形，那就表明行情将会快速反转，我们就需要作好相应的操作准备。

三角形中的所有浪必定是沿着同一个方向运动，并是其中的一部分。否则就不会有三角形出现，而只有巧合，不能形成规律。

斜三角形只能作为第5浪出现，也就是说在它之前应当有四个浪，且与该三角形一样，处于同一浪级。

当三角形内股价的变动范围（周波动或者日波动都包括在内）占据了三角形的整个宽度时，就说明三角形的终点即将来临。此时应当对第5浪进行确认，穿越与否并不构成股票操作的必要条件。

通常情况下，三角形都非常小，而且并不是所有的波浪都会完全展开。

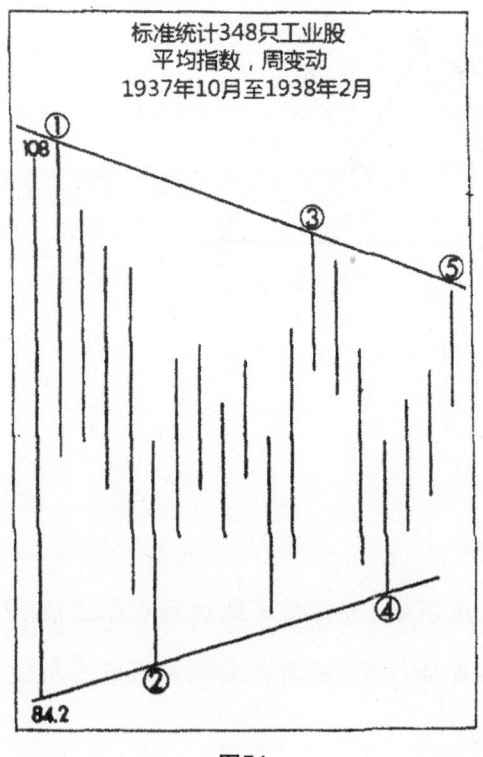

图51

1937年10月至1938年2月，美国股市第一次出现了足够大的三角形，可以用于证明所有5浪都必须由3个子浪组成，而这5个浪形成的模式各不相同。

道琼斯工业股票平均价格指数在这期间并没有出现三角形，但由348只股票组成的标准统计指数的周变动却形成了一幅完美的三角形图案，如图51所示。该指数的价格走势不仅构成了一个完美的三角形，而且是有记录以来能够看到的最大的三角形。

第五章
延伸浪

"延伸浪"尽管并不是经常出现,但它确实是波浪理论可以测量的一种重要的市场现象。延伸浪的范围和程度(及浪级)比正常的大多了,需要说明的是延伸浪的规模更大,但是其浪级(小浪、中浪或大浪)与两个未延伸的波浪相同。它可能作为浪1或浪3的一部分出现,但是通常都是作为主要运动的浪5的一部分出现。延伸运动通常由常规的5浪组成,之后是一轮3浪回撤调整浪,然后是由三个阶段组成的第二轮上升运动。常规5浪的第5浪通常是最大而且最为活跃的,结果成了延伸浪中的延伸浪。

当浪1和浪3的长度较短,而且符合规则,又在我们所绘制的通道之内时(因为延伸浪通常在三个驱动浪中的一个内出现,因此当第1浪和第3浪短而且结构简单时,第5浪就很有可能出现延伸),就要注意浪5可能会出现延伸。延伸浪中的第1调整浪会在我们所绘制的通道上轨附近结束。重要延伸浪的长度会很长,可能是最初通道宽度的数倍。

通过绘制通道的方法对于我们在测量延伸浪的运行长度时非常有用。因此，在图52和图53中，直线"b~d"代表基线，上通道线"c~e"是对延伸浪"第一顶部"的理论预期。

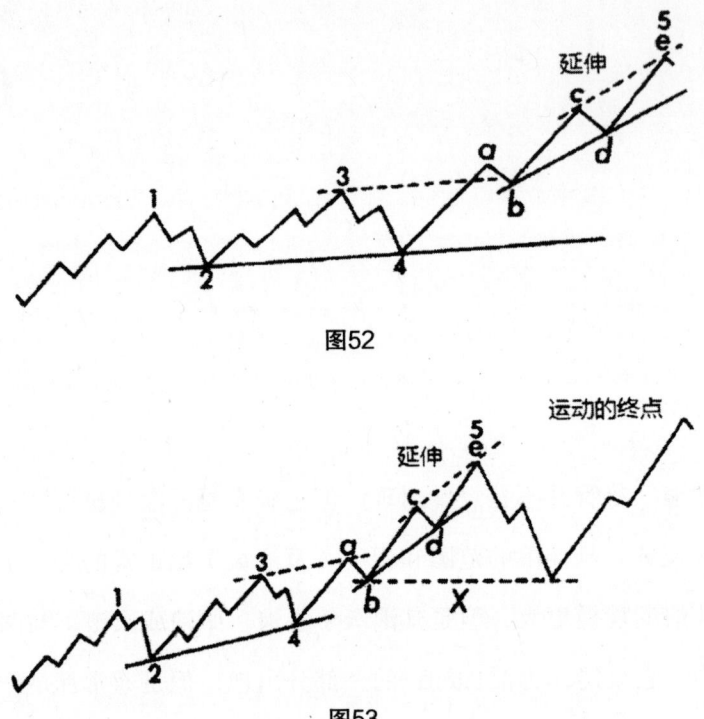

图52

图53

延伸浪中的正常5浪或开始5浪的完成，不可能成为这一轮波浪循环运动的终点，但其中确实包含了牛市循环即将告罄的预兆——牛市还要依靠最后的力量攀升一段，而这最后一段升势只有通过剩下两大波浪（一个向上一个向下）反映出来。

延伸浪的最初5浪结束后，剧烈的调整浪（通常以3浪方式，但也可能是三角形调整浪）就开始了。这一调整浪成为不规则循环调整浪中的浪"A"。浪"A"通常会带动市场下跌（跌破根据调整浪所绘制的下降通道）到延伸浪的起点水平，当然，其中会有一轮保护性的支撑或是装填来对这种剧烈调整进行中和与对冲。

当浪"A"完成时，循环运动中的主要波段就会通过三个阶段的波动使股指再继续上行，这种上行可以看作是指数经过一段时间的调整后得到了恢复，而这种恢复会把市场带入新高。图52和图53中的"e"可能已经是大浪级牛市运动的"正统的顶部"。这个新的顶部，或者称其为"不规则的顶部"，正是牛市的最终高点。这轮3浪上升阶段就成为不规则循环调整浪中的浪"B"。

浪"B"的结束标志着不规则循环调整浪"C"的开始，这一阶段是一轮比较重要的熊市。浪"C"应该是通过5个波浪的形态，快速地将市场带到先前牛市运动中的大浪Ⅵ的底部。例如，在1928年有利的延伸浪之后，浪"A"从1928年11月一直跌到12月，浪"B"上升到1929年9月，浪"C"又再次下跌到1932年7月。

延伸浪也会在熊市中出现。因此，延伸浪中的5浪在1937年10月19日结束，市场到达115.83点。在本例中，随后是一轮明显的三角形调整浪（而非不规则A—B—C形态），持续了4个月时间，最终在1938年3月31日到达97.46点。这个三角形调整浪的第2浪的方向与下跌循环趋势的方向相同。

除了牛市和熊市之外，巨大的延伸浪还曾在商品的价格波动中出现，在1937年春电解铜的价格运动中尤其明显。

在个股中，国际收割机公司（International Harvester）在1937年1月到达其"正统的顶部"，为111~112美元。浪"A"由于支撑和派发运动降低了调整的强度，将股价带到4月的109美元，浪"B"在8月到达120美元这一新的顶部（总体市场是在3月见顶），浪"C"将股价又向下带到了11月的53美元。

延伸浪可以出现在任何三个驱动浪之中。例如，浪1、浪3和浪5，但是从来不会超过1个，如图54、图55和图56所示（向上）以及图57、图58和图59（向下）所示。

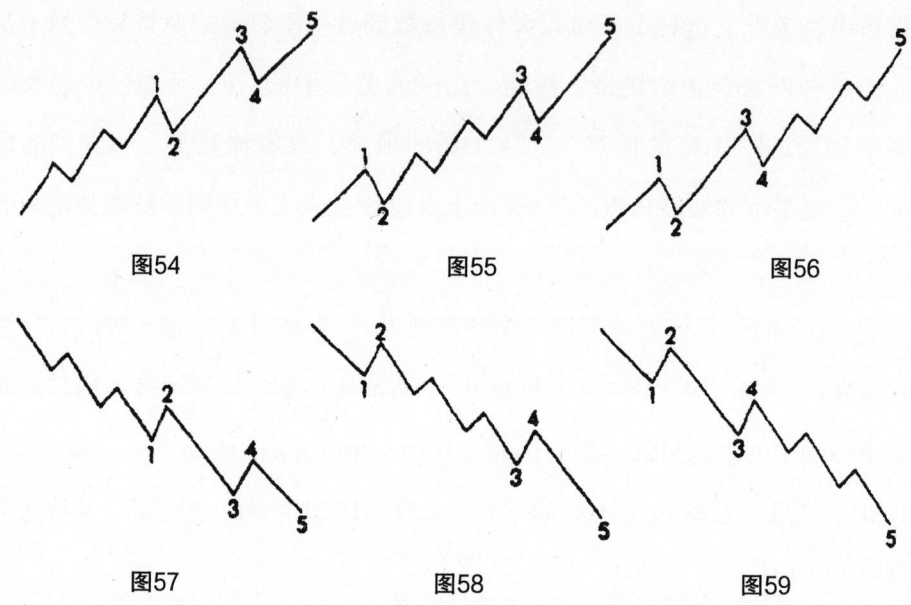

图54　　　　　　图55　　　　　　图56

图57　　　　　　图58　　　　　　图59

我们可以注意到，在上面的例子中，无论是何种延伸浪形态，总共都是9个浪，我们应该将延伸浪当成5个浪，而非当作一个浪来算。在极少数的情况下，一个延伸运动将由9个相同规模的浪组成，如图60和图61所示。

图60　　　　　　　　　　图61

延伸浪只会出现在当前循环的新区域，也就是说，它们不会作为调整浪出现。

延伸浪中还会出现另外一种复杂形态：延伸浪中的延伸浪（见图62）。

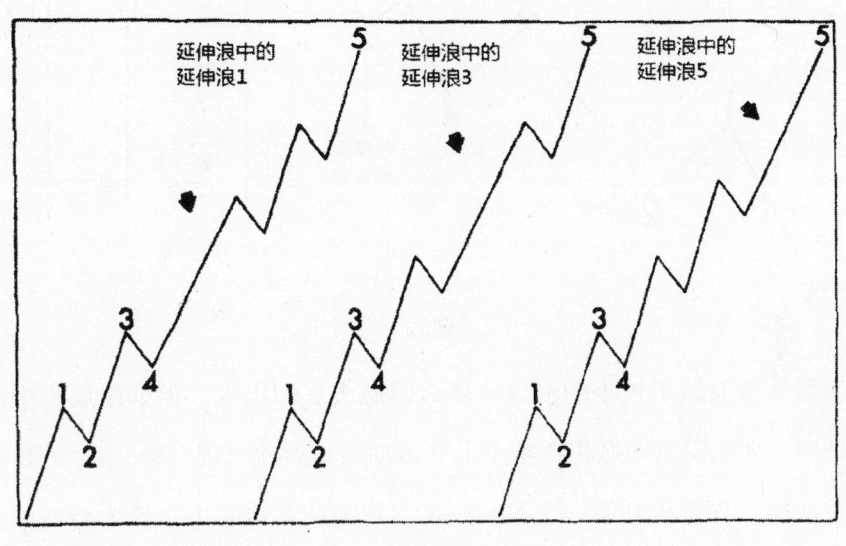

图62

第5浪中的延伸浪以及双重回撤

很多时候，延伸浪会出现"双重回撤"现象，也就是说，一个调整浪会经过相同的点位两次，向上和向下的时候各一次。当延伸浪在第1浪和第3浪时，不必在意这种情况，但是如果延伸浪出现在第5浪，我们就需要格外小心。如果延伸浪出现在第1浪，双重回撤将会自动受到浪2和浪3的调整（当然，第1浪或第3浪的延伸部分将会出现回撤，但不会以第5浪中的那种方式进行。只有在第5浪之后，第一次回撤才会回到延伸浪第2浪的最低点）。如果延伸浪出现在第3浪，那么双重回撤会受到第4浪和第5浪的调整。图63向我们展示了第5浪中的延伸浪以及后续的双重回撤现象。

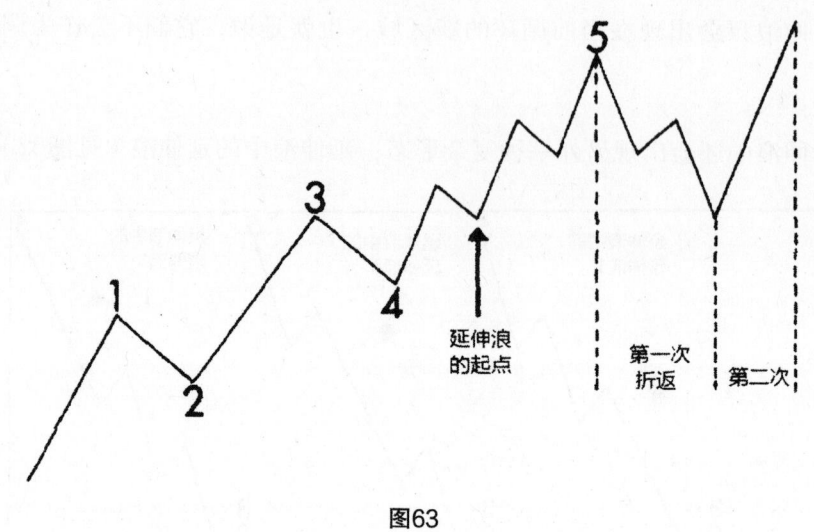

图63

如果延伸浪属于较小的浪级，那么回撤会立即出现。但如果属于中浪或大浪级别，那么双重回撤将在整个上升运动结束后才出现。第5浪中的延伸浪的双重回撤一直要等到第一个A—B—C不规则调整浪发生之后才会结束。其中调整浪"C"是1929—1932年的"暴跌"，因此浪"A"非常的小，第一次回撤在浪"C"的尾部结束，此时正统顶部和不规则顶部都已经完成了，第二次回撤在随后的市场运动中完成。当一轮运动以高速运行时，相同的点位在反转时会以几乎相同的速度回撤。

错误的数浪方法

在波浪运动的三个驱动浪中，浪1、浪3和浪5的长度很少是相同的。这三个浪中的其中一个浪通常要比其他两个浪长得多。非常重要的是，我们应该注意第3浪永远不会比第1浪和第5浪都短。例如，当浪3像图64所示那样比浪1和浪5都短时，就表明我们数浪的方法错了（如果数浪正确的话，第3浪不可能是最短的波浪），正确的数法应该如图65所示。

第一部分 波浪原理

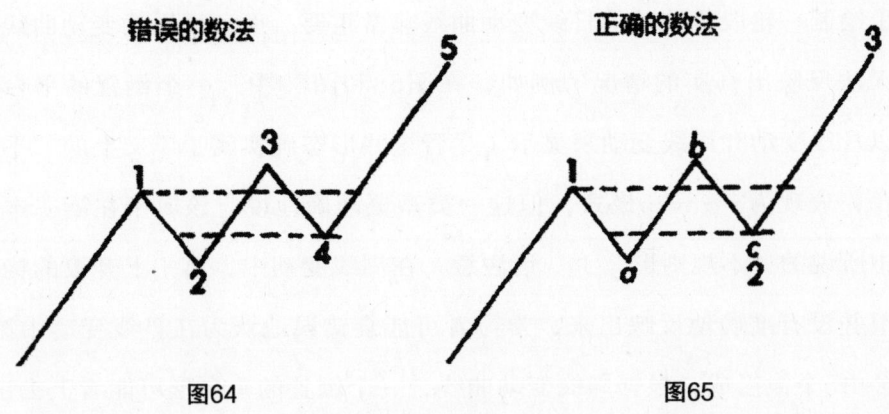

图64　　　　　　　　　图65

需要注意的是，当浪4与浪1发生重叠的时候，就不应该这么数。重叠意味着浪4终点的位置低于浪1的顶点。倒置的例子中的数浪方法如图66和图67所示。

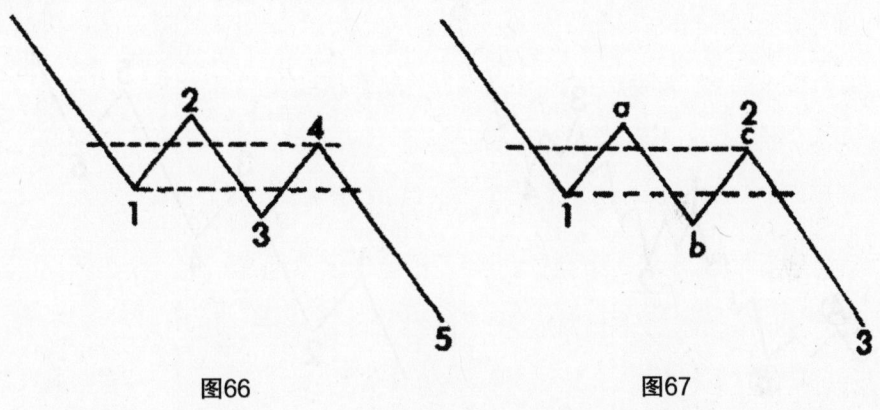

图66　　　　　　　　　图67

在"复合"波动中，有一种现象非常值得我们认真研究，那就是"重叠"。有时，复合波浪会发展成"双重三浪"或是"三重三浪"，如第五章的图表所示。

调整浪的放大

为了能够观察到股价的第一轮上升运动究竟是包含3个浪还是5个浪，

动手绘制一轮股价波动的日线变动曲线非常重要，而利用周线变动曲线也许无法反映出真实的情况。例如，在图68和图69中，一个倒置的平台分别以日线变动和周线变动来显示（尽管这些形态确实属于广义上的"平台形"，表现为3—3—5模式，但这一类型更准确地说应该属于在第一本专著中所说的"不规则形"）。请注意，在周线变动中，第一上升浪的构成子浪并没有准确地反映出来，学习者可能会错误地认为在日线变动中第1浪会由5个浪组成。根据周线变动曲线，一个倒置的平台形可能看上去由7个浪组成，但它是一个倒置的平台形，即A、B（1、2、3、4、5）、C，如图68所示。

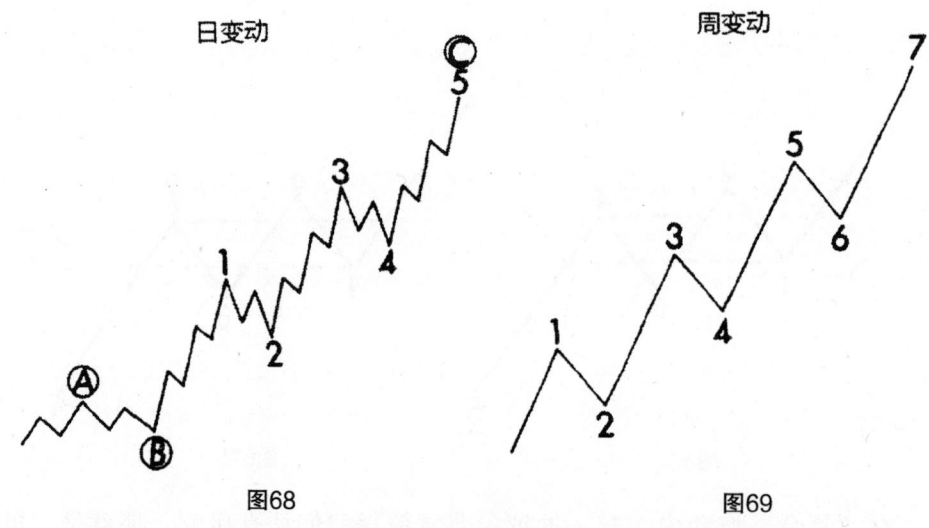

图68　　　　　　　　图69

相同的情况还可能会在锯齿形调整浪中出现。锯齿形调整浪不会变长，但可以说它会变大或是出现对折，如图70和图71所示。无论锯齿形调整浪是单个的还是双重的，其调整特征都是一样的。

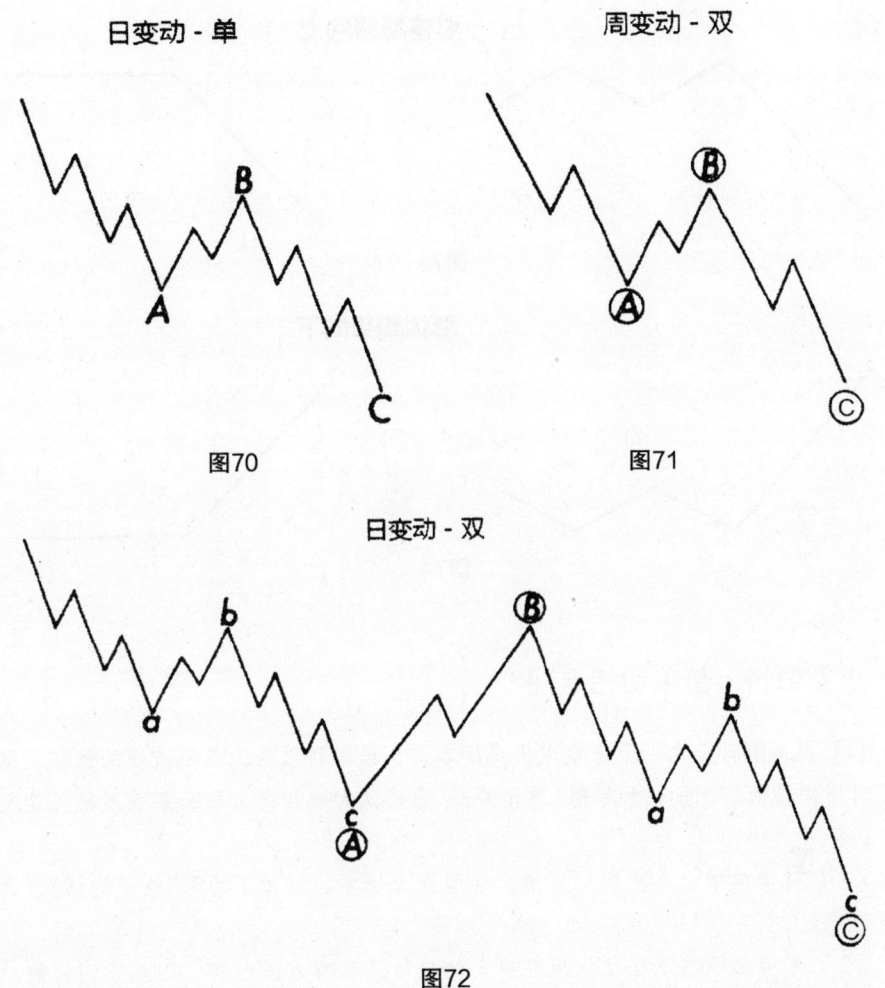

图70　　　　　　　　图71

图72

横向运动

正如我们已经注意到的那样，所有的调整运动，不管它属于什么浪级，都必然是由3个浪组成。横向运动也遵循相同的行为规则，具有与此相同的特征。图73向我们展示了上升运动后的两种横向运动。而在图74中，股价的主要波动趋势是向下的。

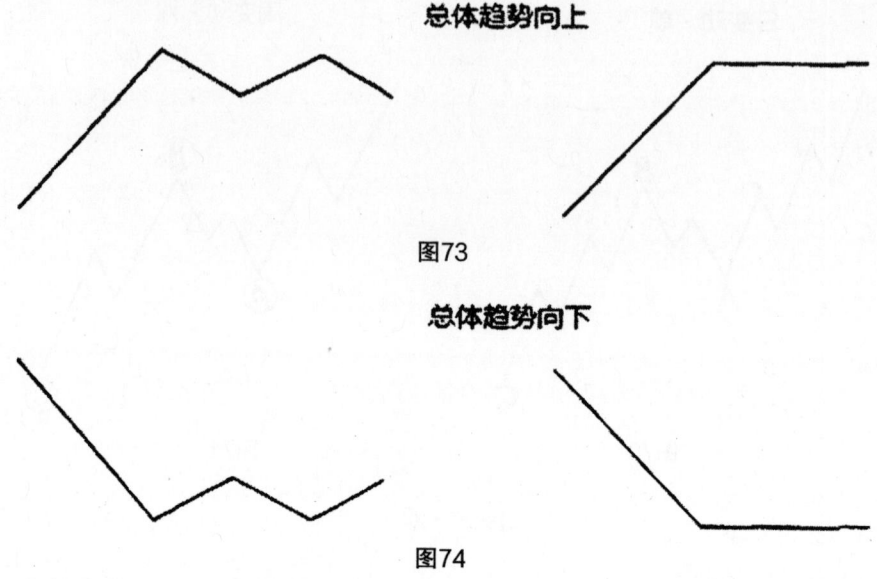

图73

图74

小罗伯特·普莱切特点评

［1］延伸浪只会在一个子浪中出现的事实,给即将来临的各个波浪的预期长度提供了有用的指南。比如,如果第1浪和第3浪的长度大致相同,那么第五浪就可能是延长了的巨浪。

［2］延伸浪中也会出现延伸浪。在股票市场中,延长了的第3浪中的第3浪通常也是延伸浪。

［3］平台形调整浪往往出现在更大的趋势强劲有力的时候,因此它们的前后总是出现延伸浪。

［4］如果三角形调整浪后的第5浪超过了正常的冲击运动范围,那么就是在发出可能是延长浪的信号。

［5］注意,推动浪总共有5个浪,如果有延长浪,总共就会达到9或13个浪,依此类推;而调整浪总共有3个浪,如果有联合形调整浪总共就会达到7或11个浪,依此类推。

第六章
不规则顶部

在一轮波浪运动中，如果股价超出了第5浪的顶部（正统顶部），整个运动就会形成一个"不规则"顶部。假定图76中的5浪上升属于大浪级，第5浪的顶部就将是"正统"顶部。从第5浪的顶点位置开始的第一轮向下的运动由3个浪组成，我们把这第一次下跌记为浪"A"。第二轮运动将向上反弹，并且反弹点位会超过第5浪的顶部，我们将其记为浪"B"。和浪"A"一样，它也将由3个浪组成。再下一轮的运动则将由5个下跌浪组成，我们将记为浪"C"。

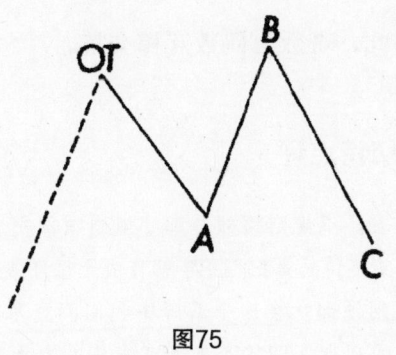

图75

尽管浪"B"的终点会比浪5的终点高,但是浪"A"、浪"B"和浪"C"仍然是一起组成了一个调整浪。这曾出现在1928年11月至1932年7月的美国股市中。对波浪运动的这一特性进行彻底的理解和掌握非常重要。

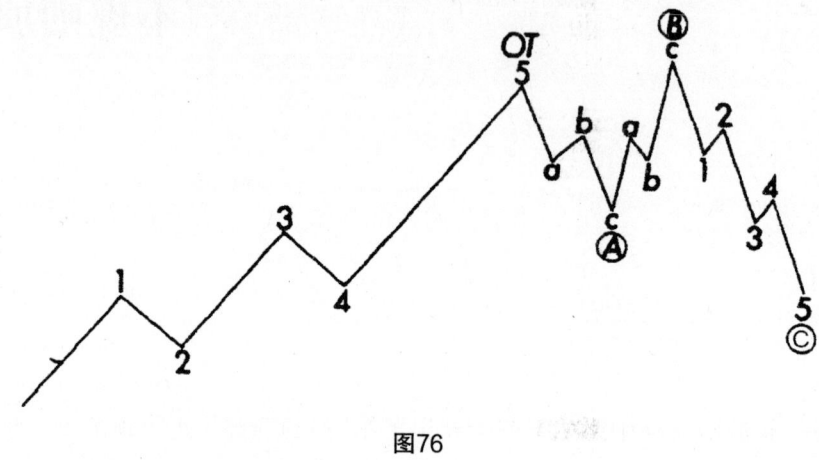

图76

如果浪"A"是一个简单的锯齿形,那么浪"B"将是一个倒置的平台形。在这种情况下,交替原则将会给我们发出警告。所谓"交替"(alternation)是指两件事情或一系列事情的依次出现或依次活动。

在股市中,牛市和熊市会交替出现。一轮牛市由5个浪组成,而一轮熊市由3个浪组成。因此5浪和3浪互相交替,所有的浪级都会受到这一规则的主导。一轮牛市运动由5个浪组成,第1浪、第3浪和第5浪向上,第2浪和第4浪向下或者横向运动,因此,奇数与偶数互相交替。

小罗伯特·普莱切特点评

[1] 艾略特进一步指出,不规则顶部与那些规则顶部交替出现。

[2] 必须再次说明,艾略特总是把1928年解释成大循环浪(Ⅲ)的正统顶部,而1929年的最高点产生了一个不规则顶部。在这个解释中我们同查尔斯·柯林斯一样发现了几个错误,柯林斯同意我们的观点,即1929年很可能是正统的最高点。

第七章
涨跌速度、成交量与图表分析

当市场沿着某个方向高速运动一段时间后必然会出现趋势的反转,几乎总是不可避免。在反转后,市场也会沿着相反的方向进行相应的高速运动。例如,1932年仲夏的上升行情涨了40个点(道琼斯工业股票平均价格指数),也就是说9个星期内股指上涨了100%。这相当于每周上涨4.5个点。我们可以注意到,图77中1932年至1937年牛市行情中,随着时间的推移,股指的上涨速度呈现逐渐降低的趋势。

股指在1932年和1933年出现了一波快速上涨行情,在本轮市场中,同

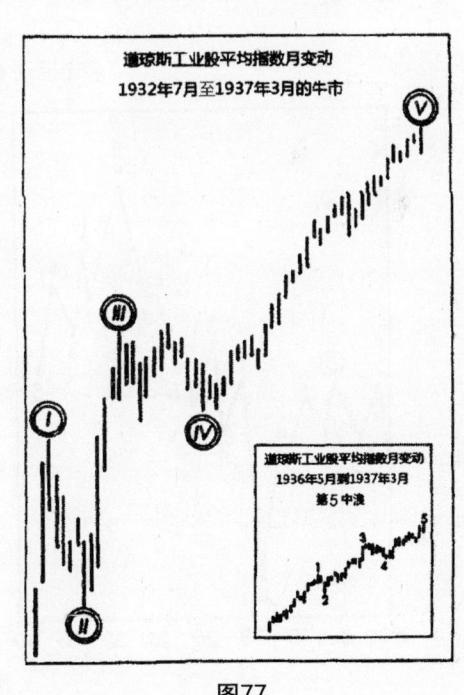

图77

时观察股指的日线波动和周线波动是非常必要的，否则就发现不了股指变动的一些重要特点，比如说股指波动中出现的三角形和延伸浪。

在随后的"图表研究"这一节中，有一段内容会涉及"线"的概念。在一般的市场中，如果市场运动速度缓慢，此时仅仅使用日线变动，会隐藏很多重要的形态。以1904年1月的最后一个星期到6月的第一个星期这段时期为例，在这5个月里，日收盘价（道琼斯工业股票平均价格指数）的最大变动仅有4.09点（从50.50点降到46.41点）。在日线走势图上可以看出，股指所走出来的是一条乏善可陈的线。但是如果将这段股价波动浓缩成周线走势图，就会发现一个完美的三角形，它的第2浪趋势向上，因此投资者就可以确信，在三角形形成之后，市场将会继续向上运动。

成交量

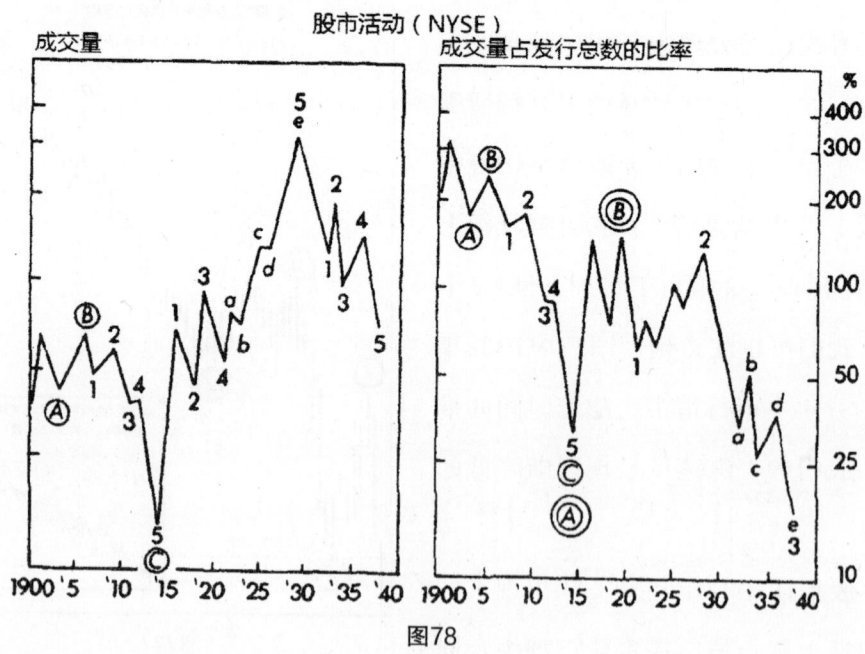

图78

第一部分 波浪原理

无论是波浪运动形成水平三角形、平台形还是其他类型的调整浪，从其起点到终点，成交量都会逐渐萎缩。了解成交量的变化通常有助于我们弄清一轮股价波动的性质。然而，当市场出现反常的"交易清淡"时，常规的成交量信号有时会具有欺骗性。

如果联系起5浪循环，并考虑股价的变动情况，那么成交量的特征是显而易见的。例如，在一些重要的上升或下降阶段，成交量会在第1浪期间增加，在第2浪期间减少，在第3浪期间增加，在第4浪期间减少，在第5浪期间增加。在第5浪期间，成交量应该能很好地维持住，而如果价格有所上升而成交量很小，就意味着股价趋势即将出现反转。

此处所涉及的重要概念包括成交量和比率，"成交量"是指所成交的股票的实际数量，而"比率"是指成交量相对于纽约股票交易所发行的股票总数的比例。

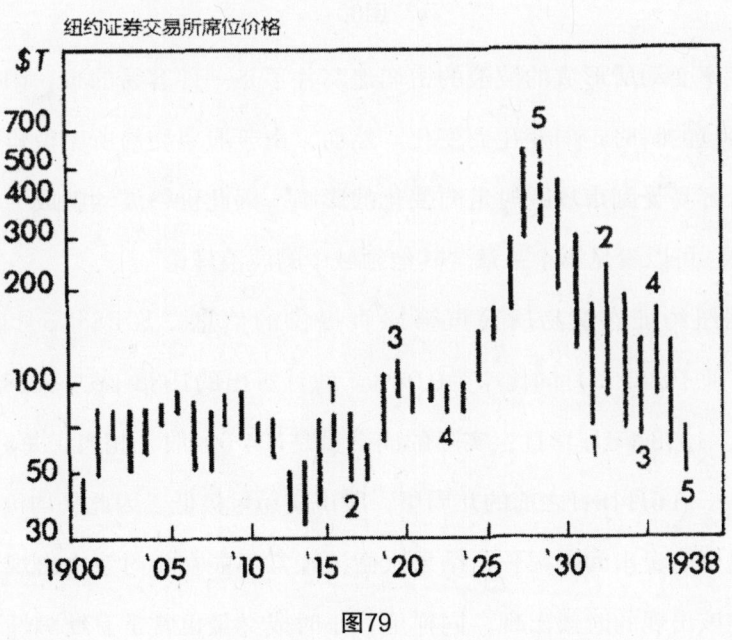

图79

在纽约证券交易所1938年7月的简报中，有一个关于成交量走势和比率走势的比较。这个比较有意思，从1914年开始向上的比率循环浪——完整的5个大浪，在1929年结束后开始了向下的循环浪，并在1938年6月18日结束（见图78）。同样的现象出现在纽约股票交易所的席位价格上（见图79和图80）。

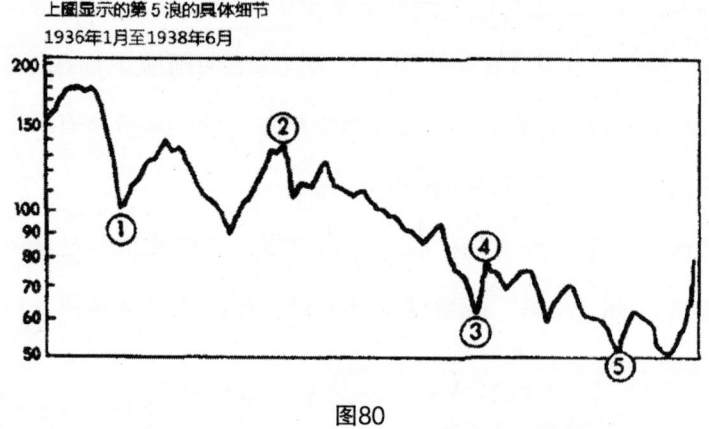

图80

对比率变动所形成的波浪的密切追踪并不是一件容易的事，因为成交量会随着市场的瞬时走向变化而变化。然而，由于股票交易所席位价格的波动并不那么容易受到市场瞬时走向变化的影响，因此价格波动就成为比率浪的有效反映。可以参见第十一章"其他领域中的波浪理论"。

根据纽约证券交易所简报第11页提供的信息，1928年5月的比率是12.48%，而1938年5月的比率为0.98%。我计算出的1938年6月头18天的比率是0.65%。1938年6月18日，实际的成交量是104 000股，相当于每5小时成交200 000股。在6月18日之前的几周里，股市交易量极低，因此平均价格指数中的重要股票的卖出间隔很长，结果次微浪经常不能在小时浪中出现，而总是在本不应该出现的时候出现。同样地，小时成交量也常常有欺骗性。幸运的是，如此低迷的成交量在20年内应该不会再次出现。

纽约证券交易所在1937年11月简报的第一页中记录了从1937年8月14日至1937年10月19日及其他7个等长时期的成交量比率与价格的变化。我将这些数据换算成了百分比的形式，发现1937年这个阶段极为特别。

这些比较很有意思：

最近的熊市数据

顶部，1937年3月10日	195.59点
底部，1938年3月31日	97.46点
下降	98.13点或50.1%
持续时间	1年零3个星期

NYSE股票交易的资金量

1937年3月	2 612 000 000美元
1938年5月	499 000 000美元
1938年6月（估计值）	187 000 000美元
下降	92.9%
持续时间	1年零4个月

价格—成交量比率，以64天为一个周期

（1937年8月14日至1937年10月19日的下跌与其他时期的比较如下）

1937年8月14日～10月19日	22.2%
1937年3～5月	10.9%
1929年年底	11.1%
1934年2～4月	6.5%
其他时期	1.0%～2.1%

纽约证券交易所席位的价格

顶部，1929年	625 000美元
底部，1938年6月15日	51 000美元
下降	92%
持续时间	9年

从1937年3月至1938年6月，此期间股市成交量下降了87.5%。

从公共关系部（public relations department）获得的与交易资金有关的数据如图81所示。

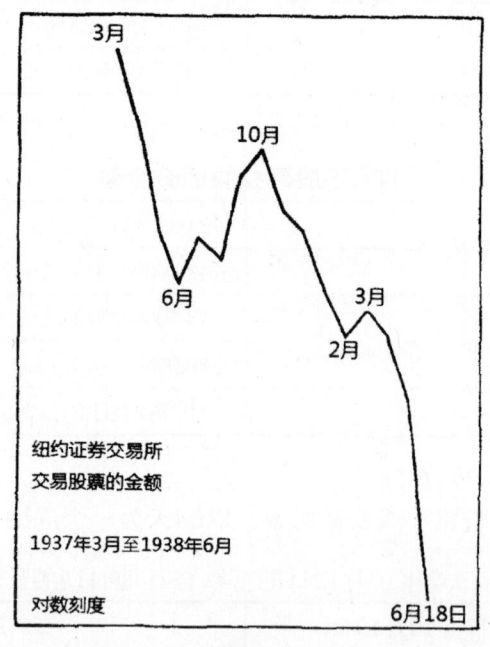

图81

小罗伯特·普莱切特点评

[1] 实际上，艾略特注意到，大浪级以上的牛市终点的成交量常常创新当天成交量。

[2] 如果第1浪和第3浪的长度基本相等，那么至少可以预测第5浪延长很可能出现。同时，在少数情况下，这种成交量也是第2浪和第5浪都延长的最佳警告。

第八章
股价走势图应用分析

下述规则是我对股价走势图的一些分析注解。

（1）不同板块或个股到达顶部的时间，与大盘指数达到顶部的时间是不一致的，而处于底部的时间却是统一的。也就是说，不同板块或个股往往会在同一时间段内筑底。比如说，1932年7月，债券、股票、产量、保险销售以及其他人类经济活动的很多领域都同时见底。当然，那是大超级循环第2浪的底，这个现象自然应当得到特别重视。

（2）在一轮波浪运动中，当波浪数量变得混乱不清时，波浪的相对大小可能有助于区分一轮运动相对于另一轮运动的浪级。运用暴露接触点（the exposed contacts）（即根据这些接触点绘制通道）应当有助于区分这些波浪运动之间的差别。

（3）永远记住要在两个暴露接触点之间进行连线，或者根据这些接触点来绘制通道，以确定波浪运动的趋势。

（4）要等待第四个点的出现，并据此绘制最终通道，而后才能确定波浪运动顶点的位置（也就是第5浪应当终结的大致位置）。

（5）同一类别波浪运动的通道，其宽度必须保持一致。也就是说，同一波浪运动的通道宽度必须得到保持，即使通道线保持平行。除非第5浪未能达到上通道线。

（6）波浪运动的级别越大，出现穿越通道线的可能性越大。

（7）在绘制通道的过程中，如果股市属于上升行情，那么作为支撑线的基线在下；如果属于下跌行情，那么作为压力线的基线就在上。

（8）波浪运动中主要运动波浪的强度会在接近基线时得到指示，例如，1927年1月至1928年6月的行情，最后一段波浪在接近通道上轨的基线时，出现了急速拉升，这就构成了应该卖出的暗示。

（9）为了在更大的范围内让波浪运动准确地显示出来，掌握走势图的如下绘制方法是必须的：

在对数刻度上，每日最高点与最低点的周线变动应当比通常的应用放大2~3倍。

将每一个完整的5个上升基本浪及其调整浪绘制到一张纸上。

（10）这些建议适用于三个主要的平均指数（工业股、铁路股及公用事业股）、小盘的股票板块及个股。投资者可能会感兴趣的三种平均指数、板块以及个股的日线变动走势图应该继续保持，而且使用普通的算术刻度就能满足需要。

（11）同时有必要留意股票的周线变动走势图，这主要是由于以下原因：

只有留意周线变动，才能够在足够长的时间段内观察股价的波动情况，以确定不同浪级的性质，尤其是较大级别的波浪。

将周线中所谓的"直线"转换成平台或是三角形形态，这些形态分别由3

个浪和5个浪组成（这些形态在确定未来股价运动走势方面非常有用）。利用周线变动走势图可以排除任何短时间的日线变动的欺骗性。

（12）始终在同一张图表中关注某一特定级别的波浪运动，不管它是小浪、子浪、中浪、基本浪还是更大的浪级。否则，波浪的标示、它们的相对大小以及运动将要达到的点位就可能变形，从而容易发生混淆。

（13）要测定基本浪和更小浪级运动的时间周期，最佳方法就是综合考察周线、日线及小时线的变动走势图。绝不能仅仅根据其中的某一种时间周期来对波浪进行考察。在变动较快的市场中，小时线和日线变动走势是最佳的参考；对于股价变动较慢的市场，则需要采用日线变动和周线变动走势来测定。

（14）自1928年以来，股票、债券和成交量比率第一次开始运用是在1938年6月18日，只有具备波浪理论的知识，这些现象才能得到观察与追踪。

（15）某些指标看起来已经呈5浪下跌形态。在这种情况下，一个"不规则"顶部会出现，而且浪"C"将会由5浪组成，正如在"调整浪"章节所解释的那样。

（16）在某些情况下，我们不可能获得用来绘制走势图的数据，例如房地产行业价格走势图，因为没有一个中心市场，没有一个可以标准化的指标，而交易商开出的价格往往是"名义上的"。对于这种情况，我们解决的方法是采用"丧失抵押物赎回权的住房抵押贷款数据"（foreclosed mortgage），这些数据可靠而且可以得到。当丧失抵押物赎回权的住房抵押贷款数据处于底部时，房地产就处于顶部位置；反之，以此类推。

（17）在其他情况下，尽管可以得到可靠的数据，但却很难定义子浪。例如成交量，它会随着市场的暂时方向以小浪级波动。这时可以用纽约证券交易所的席位价格作为指标进行考量（因为席位的交易不够活跃，因此其价格并不能以小浪级记录下来，所以很难通过其价格波动来表明成交量的短期趋势）。

（18）在统计数据和绘制走势图时，季节性的波动因素会带给我们许多困难，对此，我们可以通过使用相同的基础比率绘制10年的平均周线、月线或是季度线变动走势图来克服。例如，我们可以得到周火车货运量的统计数据，因此当前这一周相对于10年平均数的比率图就能够绘制出来，并由此利用波浪理论揭示我们需要的数据事实。

（19）当两个并不总是同时运动的指标合为一体时，反常的扰动就会出现，正如在"成交量"这一章节中所介绍的那样。

（20）并非所有股票的表现都是同步的。尽管主要的平均价格指数在1937年10月触顶，但也有几个标准统计指数群在1936年11月就已经开始筑顶，并逐渐在1937年3月就达到最高点，随后逐步减少直到5月份。但是，个股往往会同时筑底。

小罗伯特·普莱切特点评

[1] 在道琼斯指数仅有近百年历史的当时，艾略特就预言在以后几十年中出现的大牛市会在某时超乎所有人的预期，那时的大多数投资者认为道琼斯指数不可能超出1929年的顶峰。正如我们应该看到的，非凡的股市预言——有些甚至达到了提前数年的准确程度——与艾略特波浪理论的应用史相伴相随。

[2] 市场的轨迹不是各种消息的产物。市场也不像某些人宣称的那样，是一部有节奏的机器。它的运动反映了各种形态的重复，这种重复既独立于假定的因果关系事件，也独立于周期。

第九章
波浪理论的实际应用

如前面章节所述，股票投资者和炒作者最关心的是第5浪的终点会出现在哪里，因为这个点位标志着整个一轮波浪运动即将告罄，一场反转向下的波浪运动即将开幕。较高浪级的股票市场运动，尤其是持续时间长达几个月的中浪级和几年的基本浪级运动，在5浪终点位置将会遇到相当大幅度的股价调整，因此我们需要在终点位置清空多头仓位。确定向下调整的波浪运动的5浪位置也同样重要，因为在这个位置处建立多头仓位，将使我们获得最大的长期利润。

在炒股过程中，操作者首先需要确定的是，他希望在哪个级别的波浪运动中持有多头仓位。很多投资者喜欢在基本浪级运动中操作，而这也正是我们将要讨论的波浪运动类型。当然，同样的原理也适用于更大浪级或者更小浪级的波浪运动。

假设投资者已经在1921年6月正确地建立了多头仓位。通过对于大超级循环的研究，他看到市场的大超级循环运动始于1857年，而且整个大超级循环运动中的第1浪、第2浪、第3浪以及第4浪都已经完成。大超级循环中第5个循环运动始于1896年，而且已经临近结束，前面4浪已经利用1896—1921年的时间成功完成。第5基本浪刚刚开始，它将由5个中级浪组成。第5中浪不单会终结整个基本浪运动，也会结束整个循环和大超级循环。换句话说，即将到来的这段时期必将引起我们注意。

根据他对基本运动第5浪之前的第1浪以及后4浪的研究，这位投资者对于本轮波浪运动的范围和长度有了某种判断。尽管如前所述，但由于这仅仅是通过对另一个相同浪级的波浪进行修正而来，因此只能作为大致的判断。更进一步的判断可以通过绘制通道来获得。从1857年开始的大超级循环已经完成了4个次一级的波浪（循环级运动），因此通过连接大超级循环第2浪、第4浪终点这两个暴露连接点，并通过第3浪的终点作出一条平行线，就可以得到一条上平行线，而这正是第5循环浪或者说从1896年开始运行的第5循环浪应该到达的终点线位置。同样地，从1896年开始的循环运动已经完成了4个浪（基本浪运动），因此就大超级循环浪而言，可以得到它的最终上通道线，这也是第5基本浪运动应该结束的地方。

此时，如果投资者持有1921年6月买入的股票，并且以直到基本浪运动结束为目标，那么，遵循交易规则，将有助于他在正确的时间点进行清仓操作。这些规则有些已经在前面给出，而另一些则在此处第一次介绍。这些规则包括以下几个方面：

（1）基本浪运动将由5个中级浪组成。在没有看到第4中级浪结束且第5浪开始运行之前，不要考虑卖出。

（2）当第4中浪结束，第5中浪正在运行，那么它将由5个更小浪级的波浪或者说5个子浪组成，在第5子浪开始运行之前不要考虑卖出。

（3）当第4子浪结束，第5子浪正在运行，那么在第5小浪结束之前，第5子浪是不会结束的，在见到第5小浪之前不要考虑卖出。

（4）根据小时线平均走势图，第5中浪的第5子浪的第5小浪很有可能会由5个微浪组成，其中的第5微浪同样会由5个次微浪组成。因此，要到达始于1921年6月的基本浪的极限顶部，那么在第5中浪中的第5细浪中的第5微浪中的第5次微浪结束之前，不要考虑清仓。

（5）超级循环运动中的循环运动中的基本运动中的第5浪通常会突破或者说"穿越"，为每一级别运动的终点极限位置建立通道线上轨。通道线上轨为第5超级循环浪、第5循环浪的终点设置了上限。既然始于1921年6月的基本运动将会结束一轮循环运动和超级循环运动，因此可以预测这一基本浪运动在它将市场价格（在对数刻度上）带到超级循环浪的上通道线和循环浪的上通道线之前不会结束。同样地，当前基本浪中的第5中浪运动（一个尚在前方的中浪级运动）应当突破或者穿越相对应的通道线上轨。

（6）超级循环运动、循环运动以及基本运动的第5浪的终点通常伴随着巨大的成交量，比先前每一个此级别波浪运动中的波浪的成交量都要大。因此，在接近当前基本运动中第5中浪顶部附近，应当可以看到相当大的成交量。

有了上述的一般性规则，投资者就可以打开股票市场走势图，绘制其周线以及月线股价波动走势图，以便随时跟踪每一个中浪级运动。月线运动如图82至图86所示。第1中浪在1923年3月结束，它由5个子浪组成（如图82所示）。随后的第2中浪，正如偶数浪或者说调整浪运动所必需的那样，是由3个子浪组成。第3中浪持续到1925年11月。其后是正常的3浪调整。

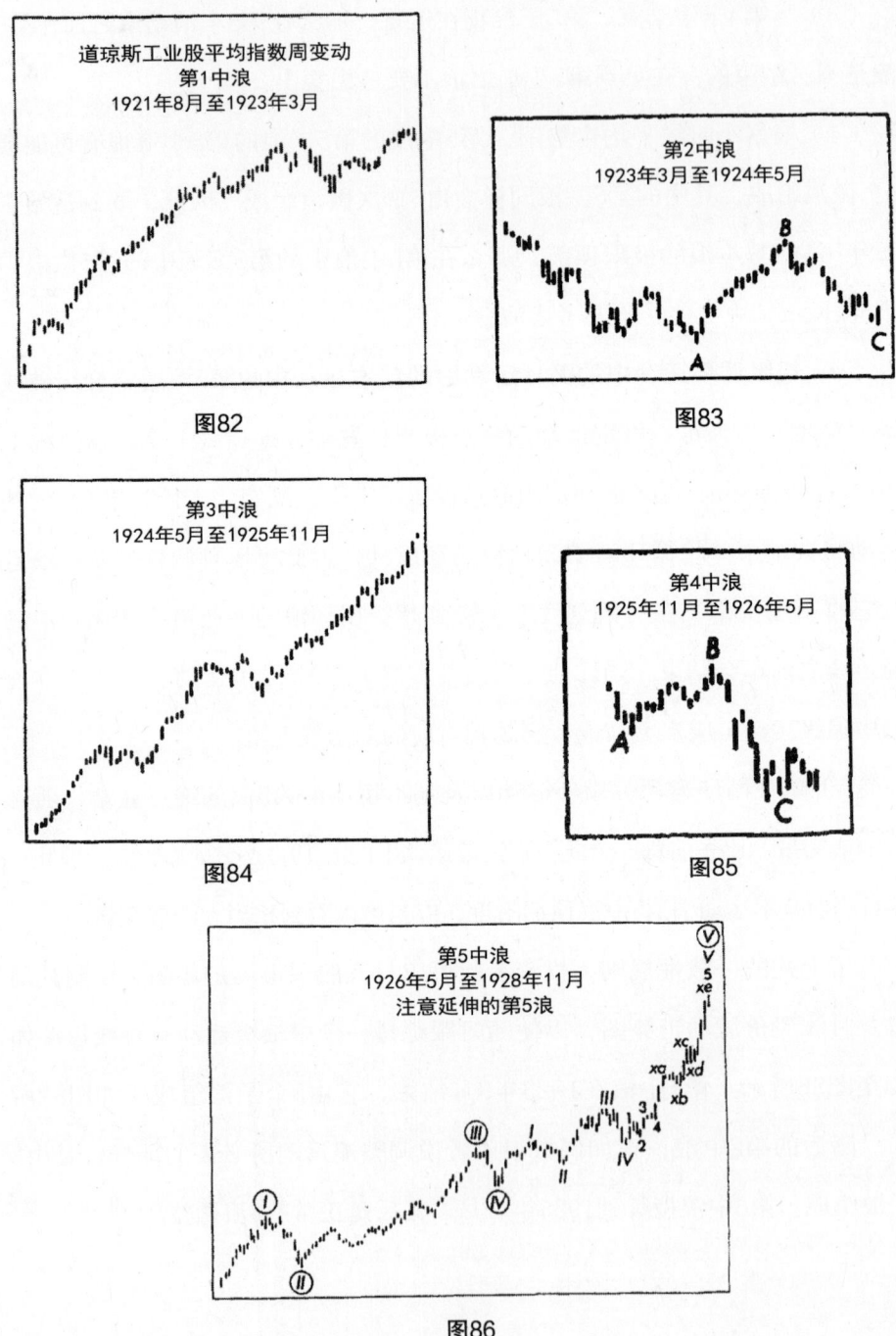

图82 道琼斯工业股平均指数周变动 第1中浪 1921年8月至1923年3月

图83 第2中浪 1923年3月至1924年5月

图84 第3中浪 1924年5月至1925年11月

图85 第4中浪 1925年11月至1926年5月

图86 第5中浪 1926年5月至1928年11月 注意延伸的第5浪

第十章
调整期走势预测

1937—1938年,美国股市进入熊市(见图87和图88),期间发生了不少新鲜的奇事,列举如下:

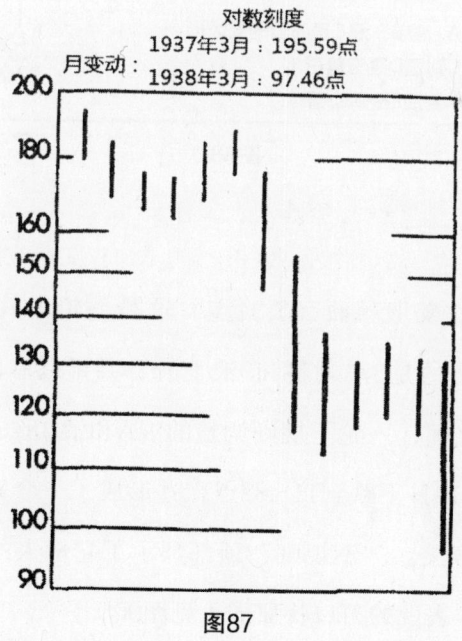

图87

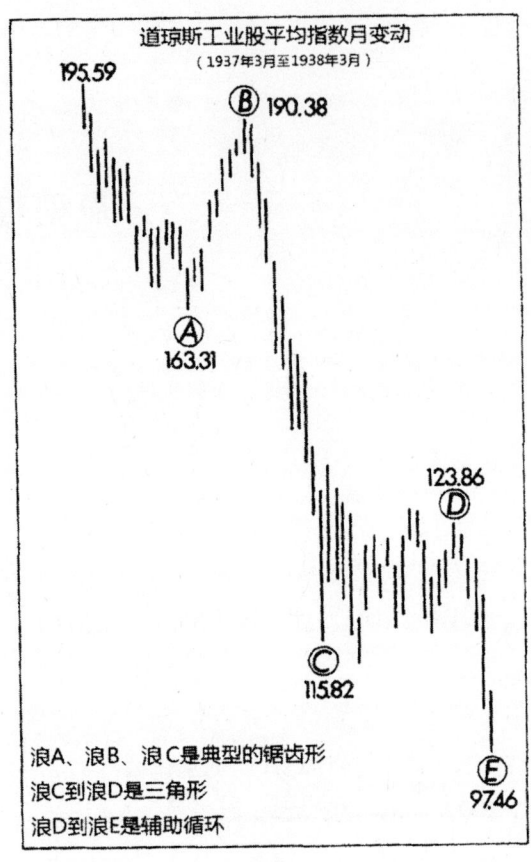

图88

平行四边形

1937年8月4日,美股报收187.31点,这是一轮上升行情的"正统"顶部。接下来股指走出的是3浪调整和3浪上升,并最终在8月14日达到190.38点。在这两个日子之间,一轮不规则调整的浪A和浪B形成了(见图89)。浪C又急又长,在10月18日下跌到115.82点,并形成了一个完美的平行四边形。它没有特别的重要意义。"不规则"顶部预示了它惊人的速度和程度,正如1928—1929—1932年表现的刀口状那样(见图90)。

第一部分　波浪原理

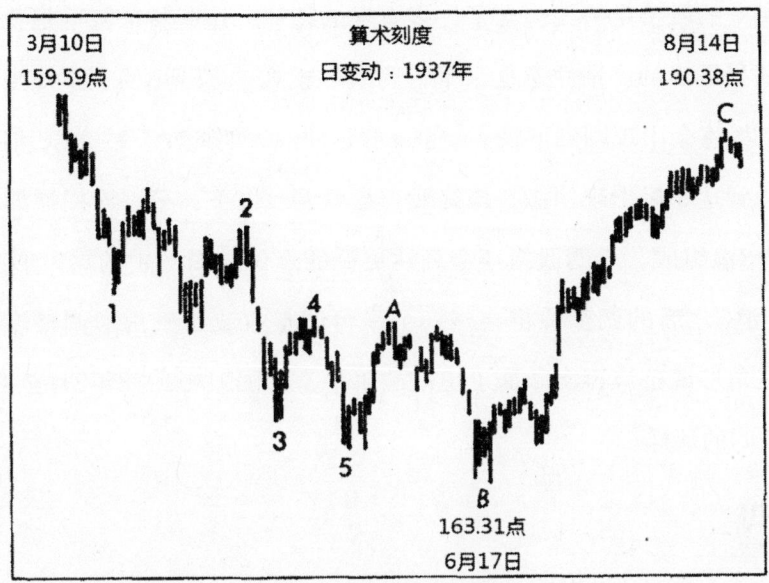

图89

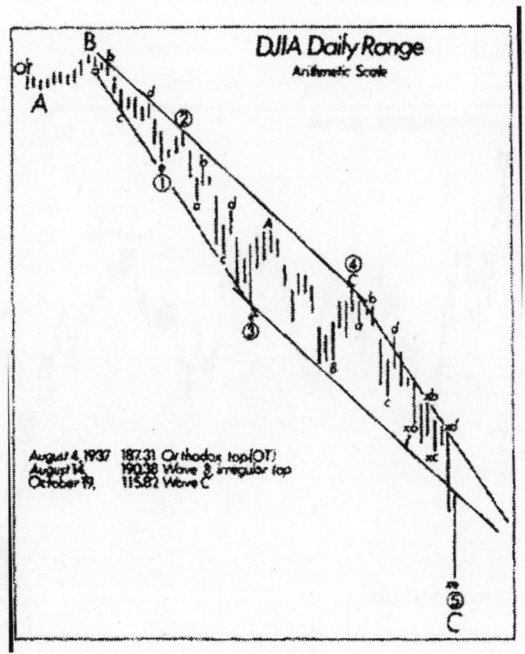

图90

图90中的股价走势图包含了许多有趣的特征，这些特征甚至是我所知的范围内数量最多的。请注意这个平行四边形模式。OT到B的"不规则"顶部预示着市场将会出现剧烈下跌。xa至xe的延伸浪表明此轮下跌会以3浪方式立刻出现，到达xb后出现回撤，最终股市会跌到xe以下。第一次回撤如图91所示，它由3浪组成，表明股指还会到达更低的点位。图89中的锯齿形A—B—C表明，浪C之后的调整浪将会是一个平台调整浪或是三角形调整浪（如图90）。三角形调整浪再次印证了更低的水平，如图91中1938年2月至3月的走势图所表明的那样。

新月

我用这个美丽的名字来描述1938年2月23日股指所处的132点，到3月31日的98点之间所形成的走势形态，这段时间股指呈曲线下降，而且到达底部时几乎是垂直下跌（见图91和图92）。

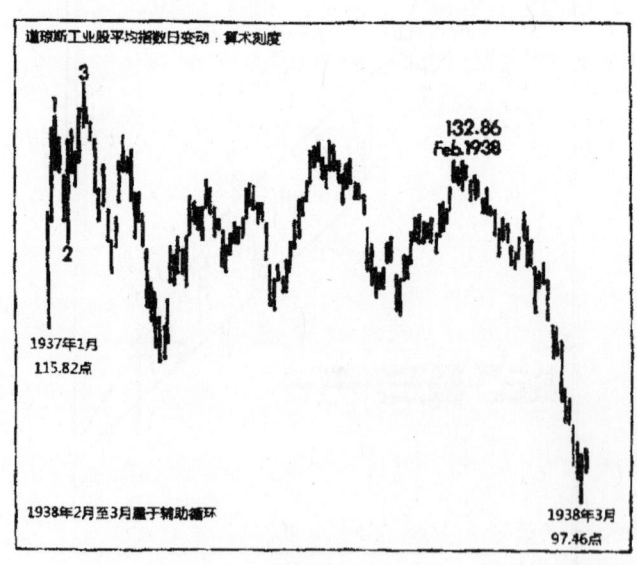

图91

第一部分 波浪原理

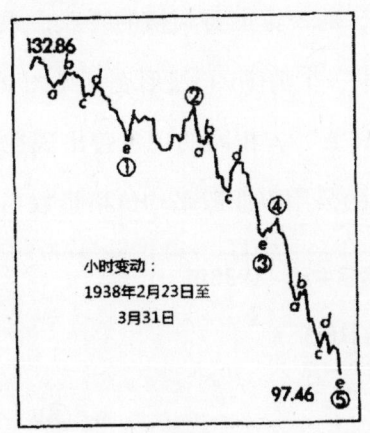

图92

股指下跌至115.82点后出现了延伸浪（参考图90），这预示着它还将创出更低的水平。从115.82点开始的第一轮上涨由3浪组成，这印证了刚才所讲的这一点。我们当然还可以通过三角形调整浪使这个论点得到再次确认。

同样的形态还曾经出现在1936年4月，股指从163点下跌到141点。上述两个都属于延伸浪的回撤。由于这段时间股指波动速度很快，因此有必要参考小时线进行考察，尤其是波浪运动的后半部分。

1929年9月至11月，股指从381点跌到195点，本轮下跌的第1浪出现延伸浪，并随即在1930年出现回撤。本轮波浪运动的第3浪或第5浪并未出现延伸浪，因为在第1浪已经出现过了。如果1932年的延伸浪在第5浪而非第1浪中出现，那么1929年9月至1932年7月的下跌看上去将会与1938年2月至3月的"新月"是一样的形态。

辅助循环

截至目前的数据显示，1938年见证了第一次工业股票平均价格指数的辅助循环（见图91和图92），即1938年2月23日的132点至3月31日的98点。在此之前由5浪组成浪"C"是一轮主要调整的终点,跟1932年的一样。1937—1938年的下跌行情形成了一个清晰的5浪形态(见图88),它仅完成了更大一级A—B—C熊市中的浪"A"。相同的现象曾出现在1934年12月的铁路股平均价格指数和1935年3月的公用事业股平均价格指数当中。

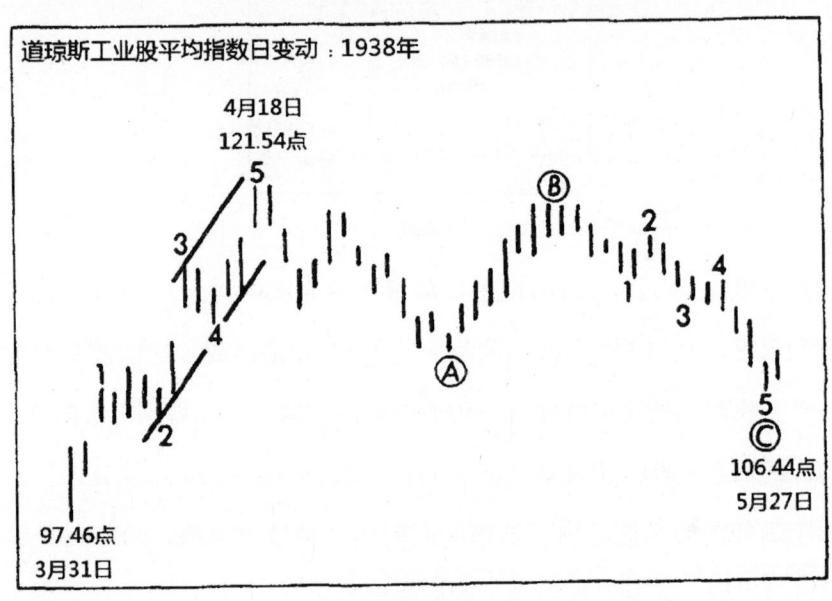

图93

从97.46点上涨到121.54点的运动(见图93)由5浪组成,也是自1937年以来这一浪级的波浪运动中的第一次5浪上升形态,这确认了3月31日的97.46点是熊市浪"A"的底部(1938年3月31日低点是A—B—C熊市中的浪"A"。这一解读是正确的,并且预测了1942年更低的底部位置)。

股指在5月27日收盘于106.44点,这是从121.54点开始的典型的平台形调整浪的终点。

第十一章
其他领域中的波浪理论

"循环"这个词虽然多年以来被广泛运用,但总以一种相当随意的方式出现,它仅仅意味着一种大概的向上和向下的运动趋势。某些经济学家曾根据美国股市交易数据,将1921—1932年这一时期的股票市场称作一个完整的循环,这一时期包含三个强度或大或小的循环——1921年年初至1924年年中的运动,1924—1927年的运动以及1927—1932年的运动。总体来说,人们对循环的认识还相当表面化、粗浅化,原因在于循环虽然已经广泛存在于我们的计划和观念之中,但是极端点说,循环的内在法则依然并不为众人所了解。

我这篇论文使用股票市场数据作为循环理论的唯一例证,已经较为充分地解释了循环原理,并且在解释和论述的过程中展示了一个循环如何成为另一个循环的起点或者是更大级别的循环运动的一部分,说明了循环运动与较小级别循环运动一样,会受到相同法则的影响。这种方法跟其他自然研究方法是完全一致的,因为我们知道,波浪一旦向上展开,就总会处于一种有序的前进之中。然而，这一过程中，不论在哪个领域，都有一种固定的占据统治地位的法则或者说自然运转时遵循的支配性法则统领着整个运动形态。本书的目的就在于首先介绍这一法则，然后介绍这个法则在令人迷惑的分析研究领域中的实际应用。

我们在这里列出一些随机挑选的图标，用它们作为波浪理论在其他领域中应用的例子，以此来说明，只要有运动存在，波浪运动法则就会发挥作用（见图94至图103）。在此建议学习者在股市以外的其他领域根据这一法则进行深入研究，相信它会使大家相应的工作变得简单明了。

不同指标都在进行波浪循环，但这种循环绝不会一起见顶或见底。几个或更多的指标可能会同时见顶但却会在截然不同的日期里见底；反之亦然。其中一些指标的记录如下：

	正统顶部	正统底部
股票	1928年(而非1929年)	1932年
债券	1928年	1932年
生产活动	1920年	1933年
商品	1920年	1932年／1933年
房地产	1923年	1933年
成交量比率	1928年	1938年6月18日
纽约证券交易所席位	1928年	1938年6月15日

1932年见底后，债券市场曾在1934年4月形成了一个正统的顶部，如果不是NRA（国家复苏工业法案）的出台，股票市场很可能会与债券市场一起同

步见顶。在1934年的正统顶部之后，债券市场出现了一个巨大的"不规则"调整浪，其浪"B"在1936年12月见顶，随后与股票市场一起步入浪"C"，并于1938年3月见底。

小罗伯特·普莱切特点评

[1] 人类群体活动的许多方面也显示出了波浪理论，但它在股市中应用得最广泛。不管怎样，相比人类的生存环境，股市确实比它展现在普通观察者面前的，甚至那些依靠股市谋生的人面前的重要得多。

[2] 任何人都会经常听到对艾略特波浪状况的几种不同的解释，尤其是在当今的各个专家作出草率、平庸研究的时候。

Financial World Article Collection

第二部分
《金融世界》
文章集

注：本部分内容来自于作者艾略特在1939年发表于《金融世界》的一系列文章，这些文章简明地介绍了波浪理论及其应用。本书将这部分内容作为第二部分，对于读者来说，也是对波浪理论的一次很好的总结和回顾。

预告篇
"波浪理论"

在几个月以前，R.N.艾略特先生联系了我们，希望我们能考虑出版其研究成果——他发现了一种人类活动的规律，这种规律很容易在股票市场的循环波动中看到。我们认为，这是一个值得关注的重大发现，读者应当知道对股票市场波动解读领域中的最新进展，所以，就与艾略特先生约定由他准备一系列关于自己最新发现的理论文章，而我们将会在下一期出版的《金融世界》杂志中刊登其第一篇。艾略特先生在拉丁美洲度过了很多年，在那里，他先是在铁路公司任职，从事会计工作。1927年，他退休后回到加利福尼亚的洛杉矶市，就在那个时候他开始对股票市场感兴趣。在兴趣的驱使下，他研究了经济及其他"预测系统"、走势图及市场解读与预测的理论，比如说"阻力位""双底""头肩形"和"趋势线"，还有一些现在较为认可的股票形态。可是该理论的重要性在实际应用中被发现是有限的。然而，艾略特先生更为关注的是"循环"这个词，他相信这个在股票市场的研究中一直有点含糊不清的词语有着重大的意义。1934年，他开始注意某种重复出现的形态，这种形态在大、中、小级别的运动中都非常相似，这最终成就了他的发现——波浪理论。

我们对这一主题的文章做了认真的调查论证，相信文章对于我们的订阅者来说将会是非常有趣的，而且对于股票操作具有一定的指导意义。艾略特先生的波浪理论在市场预测方面的价值自然留待读者自行判断，可是我们深信，根据经济考量所得出来的结论，对于股票市场来说，至少可以成为一种有效的检验方法。

——编者的话

第一章
周期循环概述

循环（cycle）规律一直就是世间万物的运行法则，而当人类逐渐学会通过对法则的研究来获得知识与力量的时候，这个法则的作用就慢慢为人类所了解。它在潮汐、天体运动、飓风和日夜更替，甚至生死的变化中清晰可见。

历史意义

当我们提到循环规律，就不得不提到列奥纳多·达·芬奇(Leonardo da Vinci)，他在哥伦布时代对波浪行为进行的启蒙性研究是循环规律在科学应用方面的第一次伟大进步。另外一些历史伟人们紧随达·芬奇发展了循环规律的另外一些特殊用途：哈雷用彗星，贝尔用声波，爱迪生用电波，马可尼用无线电波，还有一些人将之应用于心理波动、宇宙波动、电视等方面。所有这些能量的波浪和形态都有一个共同点，即循环性表现或者无限重复其自身的能力。这些循环行为以两种力量为特征——一个不断创造而另一个不断毁灭。据说希特勒曾经试图依照恒星运动所表现出来的自然规律来选择进行领土扩张的时机，然而其有所不知，某种破坏性的力量也在同时进行积聚，而且在适当的时间将占据主导地位，从而完成"循环"。

自然界中存在这种周期性循环现象，使得我们从其他现象所表现出来的法则中加以学习、并将之应用于实践以获取利润成为可能。股票市场的交易循环及股市中熊市、牛市行情，也受到相同自然法则的支配。早在50年前，查尔斯·道（Charles Dow）就通过对股市中重要波动的观察，逐步建立起道氏理论。由于这一理论有着特殊的预测意义，所以在很多领域被广泛接受。在道的研究引起世人瞩目之后，储存的市场交易信息已经倍增，因为大家知道了从某些行为中能够得到重要且有价值的新的预测方法。

作者曾因身体不适长期因病卧床，因此有更多时间研究现有的有关股票市场操作的资料。渐渐地，本人发现股价年复一年，日复一日的疯狂的变化其实可以与波浪韵律形态的法则联系起来。这一形态看起来会一遍又一遍地重复它自己的波动状态。有了关于这种法则或现象的知识（作者已经把这种法则或现象称为"波浪理论"）后，就有可能度量并预测将要完成的一整个大循环中各种不同的趋势和调整浪（小浪、中浪、大浪甚至更大浪级的运动）。

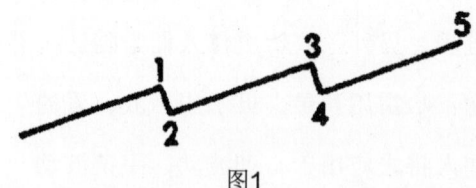

图1

图1中，我们可以看到这一法则的基本形态。完整的波浪或者说循环的上升阶段其实包含了五个驱动浪，其中三个的运动方向是向上的，两个运动

方向向下。第1浪、第3浪和第5浪的主要趋势是上升，第2浪调整第1浪向下，第4浪调整第3浪向下。通常三个向上的运动在一个大致是平行四边形的框架内，第2浪和第4浪也是如此。

图2

构成一轮完整波浪运动的3个大浪，可以再被细分成5个低一级的浪或者中浪（如图2所示）。这里要说明一下，5个低一级的浪或者中浪组成了第1浪、第3浪和第5大浪，第2大浪调整了由5个中浪构成的第1大浪，第4大浪则调整构成第3大浪的5个中浪。

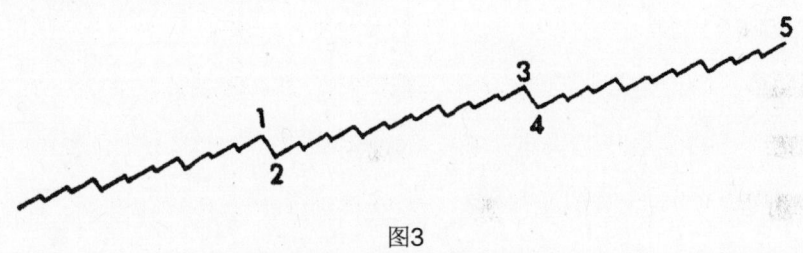

图3

在图3中，每一个上升中浪都可以进一步细分为5个子浪。当第5大浪的第5中浪的第5子浪走到尽头时，一个可怕的顶部就构建完成了。一旦这种大大小小浪级的运动结束，等待投资者的就是一股毁灭性的力量，这种毁灭性的力量使得股票运行的主要转势转向下行。在引起变化的经济、政治或金融方面的原因开始被人们弄清楚之前，一轮熊市早已开启。

第二章
完整的波浪运动

在前面的文章中，作者就明确指出波浪理论可以应用于股票价格运动的分析，一轮完整的波浪运动应该包括五浪，而且一个浪级的一组5浪构成了下一个更高浪级的第1浪。一旦某个级别的第5浪完成，这轮循环运动中就会紧接着出现一个调整浪，而这个调整浪比先前任何一个调整浪的波动都要剧烈。这是波浪运动的基本规律。

完整的运动

需要指出的是，在调整阶段波浪节奏与沿主要趋势方向运动的波浪节奏有显著的区别。这些调整浪，也就是第2浪和第4浪每个都由三个更低一级的浪组成，而每个前进浪（浪1、浪3和浪5）则是由五个低一级的驱动浪组成。图4所显示的是一轮完整的波浪运动，其中第2浪和第4浪这两个"锯齿形"调整浪的细节更多一些。每一个浪级的第2浪和第4浪都由三部分组成，但因为这两个浪也是"完整"的波浪运动，所以它们还具有五个驱动浪的特征，即每个"a"和"c"阶段（调整运动的第一和第三阶段运动）都是由五个更小级别的浪组成，而"b"（调整运动中的调整浪）由三个更小级别的浪组成。有些调整浪的形态和样式在结构上确实过于复杂，尽管作者在此尽量作了简明的介绍，但还是会令人困惑，因此有关调整浪的某些复杂问题留待后续章节中进一步探讨。

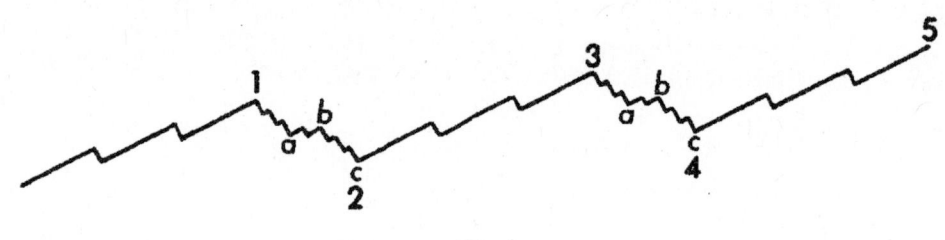

图4

有一点是学习者要注意的，在应用波浪理论来预测未来股票价格变化时，无需使用类似平均价格指数一样进行验证，因为波浪理论也适用于个股和不同板块。举例来说，波浪理论既可以应用于钢铁股、铁路股、公用事业股、铜业股、石油股等各行业股票，又适用于商品和各种不同的"平均价格指数"，如道琼斯指数、标准统计、纽约时报指数和纽约先驱论坛报指数，以及伦敦金融时报指数等。无论在什么时候，股票总是有涨有跌，但是当我们把它们作为一个整体来考察，就会发现其中绝大部分个股会在同一时间段内遵循同一运动模式。正因为如此，平均价格指数的波浪形态总是能够精准地反映整个市场在循环周期所处的位置。换言之，一个平均价格指数包含的股票数量越多，波浪理论的反映能力就越强，进一步理解就是股权越是分散，通过交易记录反映出来的周期性影响就会越是明确且具有规律性。

应用的价格区间

就波浪理论的考察来说，每日或每周的股票收盘价所提供的数据量实在太小，因为引领整个波浪运动循环过程的是股票最高价与最低价之间的变动幅度。实际上，如果没有道琼斯公司在1928年建立并发布了"日变动"指标及1932年建立并发布的"小时变动"指标，作者就没有足够的数据来建立波浪理论。正是市场每一小时、每一天、每一周、每一年完成的一系列轨迹，才真正揭示了股价运动整体中的韵律力量。就像前面说的，"收盘价"并不能描述股市的全部，也正是由于这个原因，预测伦敦股票市场（缺少足够的数据）的阶段性运动要比预测纽约市场的难得多。

当我们要测量一轮完整的波浪运动，就需要测量这一运动在同一浪级或更高浪级的两个调整浪之间持续运行的距离。最低浪级运动的长度就是它在一个方向上没有任何调整的运行距离，即使是以小时为单位所记录的数据也是如此，这一点其实不难理解，如果我们能得到以分钟计数的数据，那么甚至可以测量更小的浪级。当小时记录中出现两个调整浪后，那么这轮运动就进入其第5浪及最后阶段，或是更高一级波浪运动的第3驱动浪。所谓的"阻力"线及其他技术因素在预测并测量这些波浪的长度和持续时间方面，其实没有什么价值。

外部因素的影响

上文所述，波浪理论能够预测某一级别循环的不同阶段运动发展，而一些读者可能会发现，当前的某些新闻事件或者政府法令，看起来对循环过程的影响甚是微弱。确实是这样，一些意外的消息或突发的情况，特别是那些带有群体情绪的消息，可能会延长或缩短两个调整浪之间的运行长度，可是波浪的个数依然不会发生任何变化。因此，下面的结论看起来可能更具逻辑性：是那些带来了社会普遍性不安的交易的循环性紊乱引起了战争，而不是因为战争带来了这一轮循环。

小罗伯特·普莱切特点评

［1］在任何时候，市场都处于最大级数趋势中的基本5浪模式中的某个位置。由于5浪模式是市场行进中的主导形态，因此其他所有模式都被包含在了其中。

［2］一个最初8浪循环结束的时候，一个相似的循环会接着发生，这个循环后面又会跟着另一个5浪运动。这一完整的发展产生了一个比组成它的各个波浪大一级（即相对规模）的5浪模式。

［3］波浪理论中的基本内在趋势是，在任何浪级的趋势中，与大一级趋势同向的作用以5浪方式发展，而与大一级趋势逆向的反作用以3浪方式发展。

第三章
绘制通道方法

人们总是非常渴望能够预判一轮波浪运动的顶部,这是因为在一轮上升运动的第5浪结束之后,调整浪将比这一轮循环之前所有的调整浪都要剧烈,也就是遭遇一轮暴跌。而具备了波浪理论的基础知识,投资者就可以采取必要的措施逃顶,在最为有利的市场环境下将纸上利润变成现金。而当调整浪结束后,投资者又可以满怀信心地抄底,在股市中大赚一笔。

前文中作者曾经讲到,要想测量一轮完整的波浪运动,就需要测量该运动在同一浪级或更高浪级的两个调整浪之间持续运行的距离。随着这些波浪的发展,运用绘制通道的方法不断测量其长度,就有可能大致确定第4浪结束和第5浪"见顶"的时间。

图5表示一轮常规的完整的波浪"循环",其中浪1、浪3和浪5每个都有大致的长度。运用绘制通道方法预测最终运动将要到达的点位是等到浪1和浪2走势结束,这样才能通过延长浪1起点和浪2终点的连接线得到通道"基线"的下轨(如图6所示)。通常与浪1平行的浪3应当在上行通道的暂定上轨处,

或用虚线绘制的上轨附近结束。

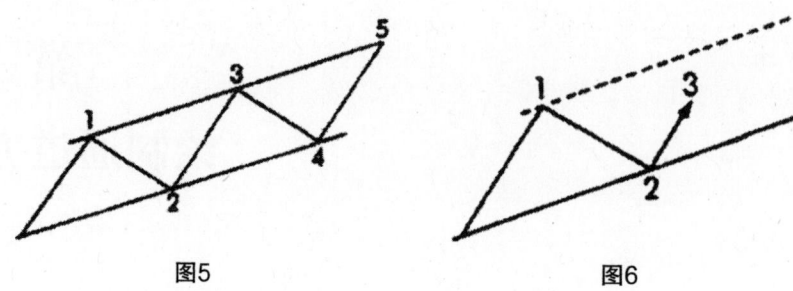

图5　　　　　　　　　　　图6

通过浪1的顶点绘制一条与下轨基线平行的直线，就能得到通道的暂定上轨。不过有时候浪3可能会因为各种利好而出现爆发，浪幅超过正常的理论值，这个时候上轨会出现上移。如图7所示。

当浪3走完之后，暂定的上通道线就可以通过连接浪1和浪3的顶部而绘制出来。至于用预测浪4调整底部的暂定基线，可以由过浪2底部作与浪1至浪3的上通道线平行的直线得到。图8向我们显示了浪4终点的理论预期位置与实际位置。

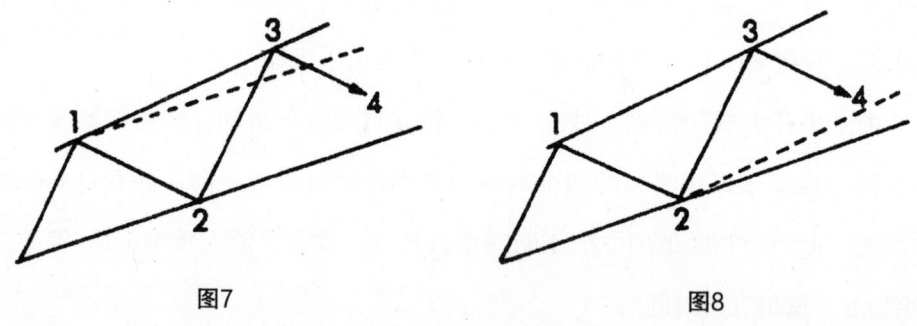

图7　　　　　　　　　　　图8

第二次调整或者浪4结束后，随后就要进入绘制通道过程中最终也是最重要的步骤。我们先连接两轮调整阶段（浪2和浪4）的终点，进而得到通道线的基线，然后通过浪3的顶点绘制一条与此条基线平行的直线，这样就得到了通道的上轨——上通道线。在绘制通道线上轨的过程中，大家可以完全忽略浪1，除非浪3过于强劲；有时候浪3会以陡峭的角度直线上涨，这时第5浪的通道就需要沿着第1浪顶峰绘制，并让其穿过第3浪。按照上述方法绘制基线和上通道线，就可以大致预测出浪5的终点位置，如图9所示。

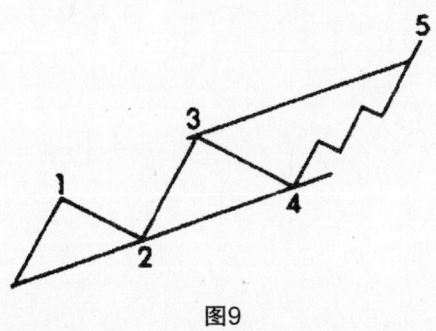

图9

当然，这种绘制通道方法对于股市未来走势的研判不能脱离了对于整个波浪循环运动不同阶段的把握。浪1、浪3和浪5每一个都应当由次一级的5个浪组成。从理论角度说，其中第5浪应当在与上面所说的上通道线交叉时结束。然而，有时浪5的强度极大，随后应当发生的"穿越"形态将在后文中提及和讨论。

小罗伯特·普莱切特点评

[1] 就像艾略特所说的，两边平行的趋势通道，常常可以相当准确地标出推动浪的上下边界。你应尽早画出一条价格通道来帮助确定波浪的运动目标，并为其未来的发展方向提供线索。

[2] 如果第4浪的终点没有触及平行线，为了估计第5浪的边界，你必须重建通道。首先连接浪2和浪4的终点。如果浪1和浪3发育正常，那么触及浪3终点的上平行线就能精确预示浪5的终点。

第四章
预测股市变化

前面我们已经向大家展示了一轮由5个浪组成的完整的股价波浪运动，而这一整个运动形态又代表了更高浪级运动的第1浪。通过划分各个不同阶段的浪级，我们就有可能确定当前市场所处的位置和随后应当出现的经济变化。

我们可以就美国的股票市场分析一下。美国股票价格最早、最为可靠的记录是从1854年开始的艾克斯-霍顿指数（Axe-Houghton Index，发表于《纽约时报年鉴》）。也因此只有从1857年结束的熊市开始，我们才能借助波浪理论展开循环预测。开始于1857年，结束于1928年11月28日的这轮大级别的股价运动代表了最大浪级循环中的一个浪（这也是我们一般认定的顶部）。这轮延伸了的波浪运动是否属于大超级循环中的第1浪、第3浪或是第5浪，则完全取决于1857年之前发生的事。波浪理论学习者通过将这一历史性的波浪分解成5浪运动，并将得到的5个浪进一步分解成更低一级的波浪，就能够对过往的波浪运动进行分析。而为了更好地区分不同浪级的股票市场波动，作者建议根据波浪的顺序采用下面的名词和符号（见表1，已重新规范）。

运动的浪级	标记及浪数	持续时间
特别超级循环浪	gsc I	1857—1928年
超级循环浪	sc I	1857—1864年
	sc II	1864—1877年
	sc III	1877—1881年
	sc IV	1881—1896年
	sc V	1896—1928年
循环	c I	1896—1899年
	c II	1899—1907年
	c III	1907—1909年
	c IV	1909—1921年
	c V	1921—1928年
大浪	(I)	1921年6月至1923年3月
	(II)	1923年3月至1924年5月
	(III)	1924年5月至1925年11月
	(IV)	1925年11月至1926年3月
	(V)	1926年3月至1928年11月
中浪	(I)~(V)	中浪级和更小浪级的价格运动将在后续的文章中解释
子浪	I~V	
小浪	1~5	
微浪	A-E	
次微浪	a-e	

表1

在我们的分析中，最长的一浪持续了70多年，而且期间包含了一长串的"熊市"和"牛市"。正是结合了每个小时、每天和每周的股票波动节奏，我们才完成并度量了对每一个投资者而言具有重要操作意义的中浪级和大浪级循环。

1928年11月28日，道琼斯工业股票平均价格指数到达295.62点，这一价格运动就完成了大超级循环第1浪中的第5超级循环浪中的第5循环浪的第5大浪中的第5中浪中的第5子浪中的第5小浪中的第5微浪级的驱动浪。正是因为这个原因，虽然实际的380.10点的顶部直到1929年9月3日才达到，但是在1928年11月28日已经到达的点位才会被称为"正统的"顶部。听起来似乎有点复杂，这其中出现的"不规则顶部"高于"正统顶部"的形态，作者将会在适当的时候进行解释。

第五章
熊市调整循环

就像我前面说到的，任何一轮股价波动的范围和持续时间都会受到此前相似浪级或更大浪级循环的影响。本轮波浪运动始于1896年，历时33年后，在1929年9月3日到达386.10点的顶部，这轮股价波动非常强劲，据此可以合理推断后面的熊市调整循环也必然会非常剧烈。

下跌可以预判

这一轮暴跌使得指数在不到3年的时间里下跌到只有波峰点位的10.5%。但是从市场分析可知，虽然下跌的速度很快，可该熊市循环依然遵循波浪形态。我们可以看到，它始终在之前测定的箱体内波动，这就使得预测熊市结束和牛市开始的大致点位成为可能。根据之前循环的振幅，新的牛市循环必定属于更大的浪级，持续时间会长达数年之久，假如长期投资者在这一轮大级别的波浪运动中建仓，那么一定能获得丰厚收益，投资者可以持有其股票，直到第5大浪的终点。在我们可以预测的范围之内出现——但是在这之

95

后，投资者就应该谨慎提防，熊市调整马上要开始了。

我们前面已经探讨了波浪理论的基础性规律，接下来介绍如何将理论应用于股票市场的实际操作之中。图10是1932年7月8日至1937年3月10日道琼斯工业股票平均价格指数的算术刻度月度极值，其中的微浪、小浪、子浪及中浪都相应地在月度、周、日和小时线记录中得到清楚地分解，它们共同构成了大浪级循环中的5个浪。浪（Ⅰ）、浪（Ⅲ）、浪（Ⅴ）分别由三个不同的阶段组成，如A—B—C模式所示。

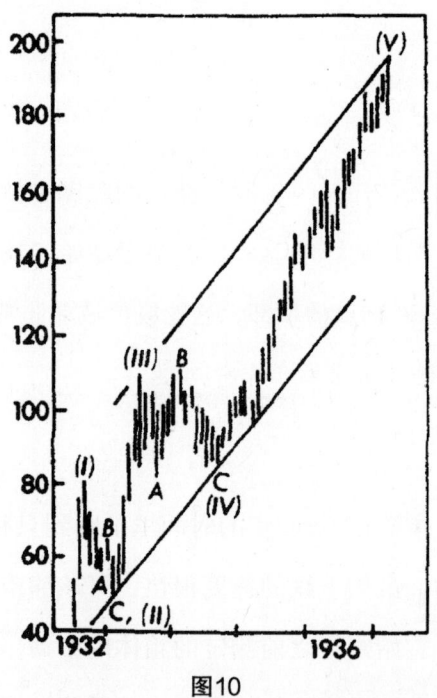

图10

当浪（Ⅳ）走完，而浪（Ⅴ）正在运行时，就应该更加谨慎地关注市场变化。相应地，通道线也需仔细标记。通过连接浪（Ⅱ）的底部和浪（Ⅳ）的底部可以得到一条基线，而通道线上轨可以通过浪（Ⅲ）顶点与基线平行得到。详情可以参见表2。

从1932年7月8日40.56点开始的浪(Ⅰ)至1937年3月10日195.59点浪(V)完成。(道琼斯工业股月平均指数)			
浪	从		至	
	日期	点位	日期	点位
（Ⅰ）	1932年7月8日	40.56	1932年9月8日	81.39
（Ⅱ）	1932年9月8日	81.39	1933年2月27日	49.68
A	1932年9月8日	81.39	1932年12月3日	55.04
B	1932年12月3日	55.04	1933年1月11日	65.28
C	1933年1月11日	65.28	1933年2月27日	49.68
（Ⅲ）	1933年2月27日	49.68	1933年7月18日	110.53
（Ⅳ）	1933年7月18日	110.53	1934年7月26日	84.58
A	1933年7月18日	110.53	1933年10月21日	82.20
B	1933年10月21日	82.20	1934年2月5日	111.93
C	1934年2月5日	111.93	1934年7月26日	84.58
（V）	1934年7月26日	84.58	1937年3月10日	195.59

表2

看跌迹象

在1936年11月，美国牛市一片欣欣向荣，罗斯福以压倒性优势当选总统，股市的外部环境非常好，让人想看跌都难。然而我们依据波浪理论来分析，就会发现美国牛市实际上已经接近尾声。从1932年开始的长期牛市至1936年11月12日已经到达185.52点，经过先前53个月的各种浪级的5浪上升运动，这一轮大级别波浪运动已经达到顶峰，其价位与当时股价波动所形成的通道的上轨距离非常近。可是，整个波浪形态的完成仍然需要4个月的时间才能达到股市最高值。

最后的一个5浪相对而言不太重要，但对确定即将到来的终点却是非常必要的波浪，该波浪在1937年3月10日结束。在那一周，工业股和铁路股的上涨伴随着巨大的成交量，不停刷高点位。对于这种情况，人们并没有心生警惕，当时流行的市场理论认为这种市场表现"确认了当前市场的主要趋势是上涨"。

工业股票平均价格指数最后到达195.59点的关键点位，这一点位可与1929年恐慌性底部的195.35点和1930年2月反弹的顶部点位196.96点相比，在那个星期，不断上涨的股指终于触了通道的上轨。4月，罗斯福总统发表讲话，声称铜和钢铁的价格太高，而在那个时候，市场其实早已经进入熊市了。

小罗伯特·普莱切特点评

[1] 在熊市的A浪期间，投资界总体确信这次反作用浪只是下一段上升行情前的退却。尽管个股的形态有技术上的破坏性裂纹，但大众仍蜂拥般地买入。

[2] 熊市的B浪是假牛市。它们是无知者的举动，牛市陷阱，投机者的天堂，零股投资者心态的放纵，或投资机构愚蠢的骄傲自满情绪的显露（或两者兼有）。

第六章
重要浪级第5浪

在1932—1937年的大浪级牛市运动中（见图10），浪（Ⅰ）和浪（Ⅲ）都是在短时间内走完了，这是因为它们的运行速度本来就很快。而浪（Ⅴ）却缓慢地按着一定的节奏逐级攀升，所以其持续时间比先前4个浪加在一起的时间还要长。在对这一轮股价运动的讨论中，作者曾经说过，1936年11月，牛市已经很明显处于上升阶段的尾声，只是整个波浪运动完成仍然需要4个月时间。虽然第5大浪已经走到末期，可是组成第5大浪的次级浪（微浪等）却仍处于发展之中。

从图11中我们可以看到一个重要浪级的第5浪，它是如何通过次一级的第5浪及更次一级的第5浪的发展而得到延伸的，所以，一轮中浪级趋势将会在第5中浪中的第5子浪中的第5小浪中的第5微浪中的第5次微浪的驱动浪中结束。大家请注意，随着浪（Ⅴ）的上升，其调整浪会更小且持续时间更短。看一下1935—1937年行情就会发现，第5浪的完成标志着相同浪级的整个运动将会被相似浪级的反向运动调整和取代。

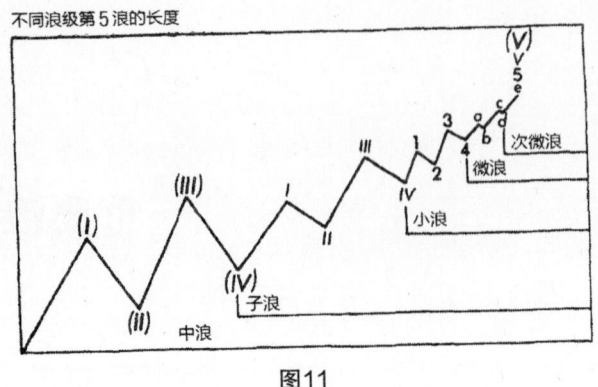

图11

较小浪级的波浪逐渐向着重要浪级第5浪的终点发展,过程中我们有时难免会对股价的波浪运动产生疑问,出现这种情况常常是由于波浪出现了"穿越"。穿越是指上行运动过程中穿过通道的上平行线(见"绘制通道方法"一章)或是下跌运动过程中突破通道的下平行线。成交量往往会在穿越时增加,而且在一轮大级别波浪运动中的第5中浪中应该会非常大。需要注意的是,任何浪级的第5浪如果不能穿过通道线并伴随持续下跌的迹象,都是市场走弱的预兆。市场疲软的程度取决于具体的浪级,有时这种疲软状态会成为第5浪重新开始的基础。穿越还可能与运动走势图采用的刻度有关,它们更容易在算术刻度的上升运动和对数刻度的下降运动中出现。

有时,第5浪会出现"延伸",也就是更小浪级第3浪的延长或上攻。第5浪与常规的作为整体运动同浪级的一浪形态不同,其会延伸或细分成更低一级别的5个浪。在波浪运动的预测中,这种延伸适用于第5浪本身而非作为其中一部分的结束性循环。倘若股市处于上升通道中,那么这种延伸就成为强势市场的一种特征;如果是一轮下跌运动的话,那么这种延伸就代表着市场处于极度弱势之中。1921—1928年的上行运动就是延伸浪的一个实例,其代表了美国股市72年来上升行情的最高点。

第七章
调整浪形态

　　波浪理论最复杂和难于理解的部分就是调整运动。调整运动对于我们预测股票市场当年所处的位置和未来的走势都是至关重要的，因而投资者一定要掌握调整浪运动。所有调整浪都以三个大致的波浪为特征，然而其具体细节和程度的变化却相当多，表现为不同的形态。受到诸多因素的影响并确定调整浪的形态，例如，时间、速率、先前运动的范围、成交量和消息等。根据作者的市场研究经验，调整浪主要有四种类型或者形态，本人分别将其命名为锯齿形、平台形、不规则形和三角形。其中，由于三角形的形态众多，必须在独立的章节进行说明。其他三种形态则如图12、图13和图14所示。

　　在相对较短时间内结束的小调整浪如图12所示，更大级别的调整浪如图13所示，图14提供了大浪或中浪级别运动趋势向下时的市场运动的情况。其中的某些调整浪，特别是不规则形调整浪甚至可以延续几年时间，因而也常会被误认为是"牛市"的运动。

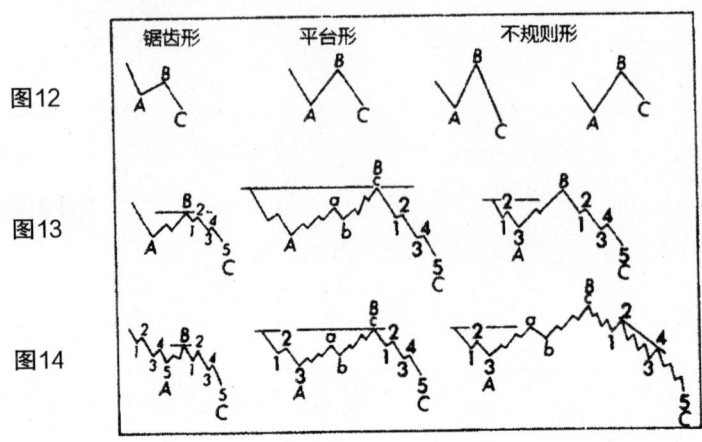

图12
图13
图14

其实锯齿形、平台形和不规则形调整浪的3浪，或者说波浪运动中的A—B—C结构特征，我们都已经在前文的图中作了较为清楚的介绍。锯齿形曾在"完整的波浪运动"一章（见图4）作过简单介绍，它与其他调整浪的不同之处在于第1浪和第3浪（A和C）都由五个更小的波浪组成。锯齿形调整浪的第2浪（B）由三个驱动浪组成。某些时候，正在运行中的第1浪（A）可能看上去连续不断，所以为了观察其组成有必要考察更小的或小时变动。

平台形和不规则形调整浪的第1浪和第2浪各自都包含三个级别低于之前波浪运动浪级的波浪。组成平台形和不规则形调整浪第2浪或者"B"阶段的三轮运动中，第1浪和第3浪（a和c）由五个更小的驱动浪组成。在平台形调整浪中，3个浪的长度应该大致相同。

不规则调整浪的第2浪或者是浪"B"在大级别的波浪运动中曾在较高点位创造了正统顶部，然而它在本轮调整过程中会上升到比这个顶部更高的第2浪的顶部位置，因此我们可以根据这一特征将其区分出来。第3浪或浪"C"中的变现通常要比第一阶段更为强烈，虽然也有浪"C"或第三阶段缩短的例子，但这只是个别现象。一般来说，浪"C"的终点应该回在浪"A"的底部之下，在更大且更重要运动中的调整浪，如大浪和中浪运动中的调整浪，其不规则调整浪浪"C"或第三阶段会由三组浪级更小的5浪组成，如图14所示。

通过分析并区分正在运行中的调整浪的类型，学习者就掌握了理论基础，就可以确定调整浪的范围和随后的股价运动趋势。绘制通道法（见"绘制通道方法"一章）有助于确定调整浪的波动范围。至于这些调整浪形态在特定市场中的应用，作者将在后续的文章中作出详细介绍。

小罗伯特·普莱切特点评

[1] 作为这两种趋势间相互冲突的另一个结果，调整浪的变体比驱动浪的多。

[2] 调整浪在展开时，常常会以复式形态上升或下降，所以在技术上同一浪级的子浪，因其复式形态和时间跨度，显得似乎是其他浪级的。

[3] 从对各种调整模式的研究中，可以发现的重要原则是调整浪永远不会是5浪结构。只有驱动浪才是5浪结构。因此，与更大趋势反向运动的最初5浪永远不是调整浪的结束，而仅是调整浪的一部分。

第八章
三角形调整浪

　　三角形调整浪是调整浪形态中最多也是最特别的一类，它代表着股价波动趋势趋于停滞，它是这种停滞趋势的延长。相较于缓慢发展的经济，股指的波浪运动可能走得太快太远，此时，价格开始原地踏步等待基本经济形势追赶上来。三角形调整浪的持续时间长的达到了9个月，短的只有7个小时。它可以分为水平三角形和斜三角形两种，如图15和图16所示。

　　水平三角形形态可以分为四种，分别为：上升三角形、下降三角形、对称三角形和很少能见到的反对称三角形。反对称三角形的顶点是三角形调整浪的起点，其他形态的三角形的顶点是调整浪的终点。值得一提的是，调整浪有时会在到达顶点之前结束。

　　所有的三角形调整浪都包含有5个浪或称5条腿，其中的每一个都由不超过三个更低级别的波浪组成（这是必不可少的标准，不符合的情况则不在波浪理论的解释范围内）。另外，三角形中所有的波浪一定是同一个方向运动趋势的一部分，否则该"三角形"形态只是一种巧合。

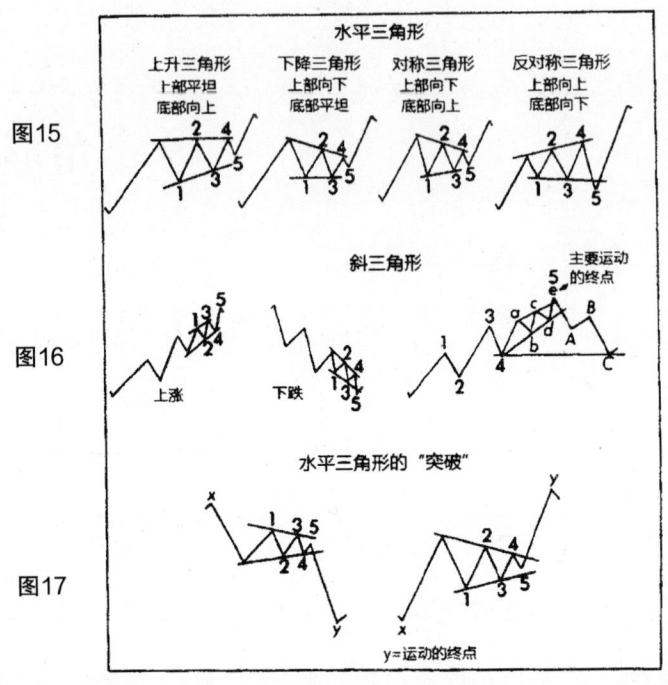

图15

图16

图17

一个完整的三角形波浪是主要波浪运动中的1浪。水平三角形通常作为浪2或浪4出现，如果它作为浪2出现，那么主要运动将只有3个浪。在水平三角形的尾部，市场将恢复被三角形中断的趋势，而且这种趋势方向将与三角形第2浪的方向相同。一般来说，从水平三角形开始的"突破"（沿着三角形第2浪的方向）往往会高速运行（见图17），而且该"突破"代表了主要运动的最后1浪，其后将会出现趋势的反转。"突破"的幅度一般等于三角形最宽的距离。

斜三角形调整浪或是向上或是向下，它们可以作为主要运动的第3浪或第5浪出现。可实际上，它们往往是跟随在4个主浪之后作为第5浪出现，因为第3浪过于强劲，第5浪才是波浪运动的终点，斜三角形的完成通常意味着主要运动的结束。斜三角形中的第2浪的方向与主要的运动方向相反,并预示着三角形结束后,股指将向反转的方向运动。在该类型的三角形中的第5浪结尾,趋势的快速反转通常会将市场带回三角形开始的水平(见图16中的第三个图形)。

需要指出的是,在我们研究波浪运动时,三角形形态很多时候需要你费力去寻找,因为有时它们出现在周线变动中,而在日线变动中找不到;某些时候它们又会在《纽约时报》平均价格指数中出现,但在其他平均价格指数中却不会现身。所以,从1937年10月至1938年2月期间,在一些重要的运动中,我们可以在标准统计的周线变动中发现一个在其他平均指数中看不到的三角形,这个三角形的第2浪方向向下,第5浪在2月23日见顶,随后在3月股指出现急剧下跌。

延伸浪概述

作为波浪理论可以测量的一种重要波动现象,"延伸浪"出现的次数往往较少。延伸浪的幅度和浪级比正常小浪、中浪或大浪大多了。它可能作为浪1或浪3的一部分出现,不过一般都是作为主要运动的浪5的一部分出现。延伸运动通常由常规的5浪组成,之后是一轮3浪回撤调整浪,然后是由三个阶段组成的第二轮上升运动。常规5浪的第5浪通常是最大而且最具活力的,结果成了延伸浪中的延伸浪。

有一种情况需要注意,即当浪1和浪3的长度较短,处在绘制的通道内,但又符合规则,这时就要注意浪5可能会出现延伸。延伸浪中的第1调整浪会在我们所绘制的通道上轨附近结束,而重要延伸浪的长度会很长,可能是最初通道宽度的数倍。

绘制通道的方法对于预测延伸浪的运行长度非常有用,投资者们应熟练掌握。因此，在图18和图19中，直线"b—d"代表基线，上通道线"c—e"是对延伸浪"第一顶部"的理论预期高度。

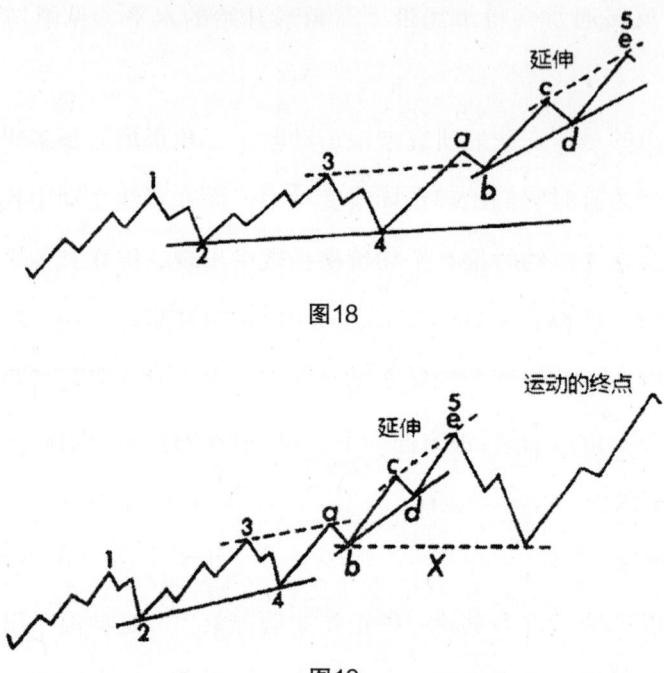

图18

图19

前文已经说过，延伸浪中的正常5浪或开始5浪的运行完成，不代表这一轮波浪循环运动到了终点，可它的确预示了牛市循环即将告罄——动能还会促使牛市继续向上攀升一段，而这最后一段上升趋势只能通过一个向上一个向下的两个波浪反映出来。

延伸浪的最初5浪运行完成后，剧烈的调整浪通常以3浪方式（也可能是三角形调整浪）就开始了。这一调整浪成为不规则循环调整浪中的浪"A"，浪"A"通常会引发一轮市场下跌，按我们根据调整浪绘制的下降通道来看，将跌到延伸浪的起点水平；当然，其中也会有一轮保护性的支撑或是派发来对冲这种剧烈下跌。如图19中标记为"X"的虚线表示对浪"A"终点的一般预期。

当浪"A"走完时，循环运动中的主要波段就会以3浪的形式促使股指再继续上行，这段上涨是指数在一段时间下跌后的反弹，而这种反弹会把市场带入新的高点。如图18和图19中的"e"可能已经是大浪级牛市运动的"正统的顶部"。这个新的顶部正是牛市的最终高点。这轮3浪上升阶段就成为不规则循环调整浪中的浪"B"。

浪"B"走完后即标志着不规则循环调整浪"C"的开始，这是一轮比较重要的熊市。浪"C"以5个波浪的形态，快速地将市场带到先前牛市直接拉到大浪Ⅵ的底部。例如，在1928年有利的延伸浪之后，浪"A"从1928年11月一直跌到12月，浪"B"上升到1929年9月，浪"C"又再次下跌到1932年7月。

熊市中也存在延伸浪。所以，延伸浪中的5浪在1937年10月19日结束，市场到达115.83点。接下来是一轮明显的三角形调整浪（而非不规则A—B—C形态）持续了4个月时间，最终在1938年3月31日到达97.46点。需要注意的是，这个三角形调整浪的第2浪的运行方向与下跌循环趋势的方向相同。

除了牛市和熊市之外，巨大的延伸浪还曾出现于商品的价格波动中（比如1937年春电解铜的价格运动）。

在个股中，国际收割机公司在1937年1月运行到了其"正统的顶部"，也就是111~112美元。支撑和派发运动降低了浪"A"调整的幅度，将股价带到4月的109美元，浪"B"在8月到达120美元这一新的顶部（总体市场是在3月见顶），浪"C"将股价又向下带到了11月的53美元。

第九章
循环浪

在1932—1937年的牛市（见《熊市调整循环》一章图10）结束之后，我们看到了一波由三个阶段所组成的调整浪。其中第一阶段包含了5个大浪。这个调整浪的第一阶段是道琼斯工业股票平均价格指数从1937年3月10日的195.59点跌到1938年3月31日的97.46点。从图20中我们可以看到这一期间的市场周线变动情况（以算术刻度显示）。虽然在某些阶段，乐观情绪会占据主导地位，可是我们所讲的循环运动的预测规则依然在发挥作用。很多时候，日线变动和小时线变动的微浪级变动，在周线变动可能微不可见；所以构成第一阶段循环的5个大浪的具体价格和时间为：

循环浪（A）：1937年3月10日的195.59点至1937年6月17日的163.31点。

循环浪（B）：1937年6月17日的163.31点至1937年8月14日的190.38点。

循环浪（C）：1937年8月14日的190.38点至1937年10月19日的115.83点。

循环浪（D）：1937年10月19日的115.83点至1938年2月23日的132.86点。

循环浪（E）：1938年2月23日的132.86点至1938年3月31日的97.46点。

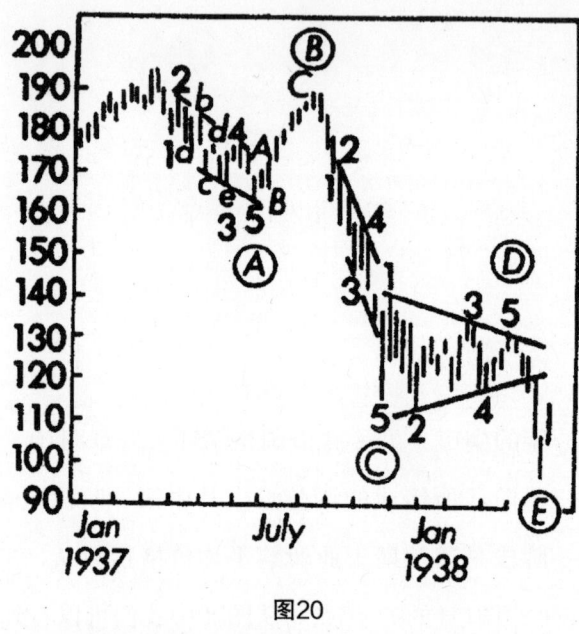

图20

循环浪（A）又是由下面5个子浪组成：

1. 3月10日的195.59点至3月22日的179.28点。

2. 3月22日的179.28点至3月31日的187.99点。

3. 3月31日的187.99点至5月18日的166.20点。

4. 5月18日的166.20点至6月5日的175.66点。

5. 6月5日的175.66点至6月17日的163.31点。

可以明显看出，循环浪（A）的第3浪由五个震荡构成。

循环浪（B）则是由3个浪组成，而且形成了一个非正统的顶部：

A：6月17日的163.31点至6月24日的170.46点。

B：6月24日的170.46点至6月29日的166.11点。

C：6月29日的166.11点至8月4日的187.31点。

这一"非正统顶部"在1937年8月14日完成，接下来股市将面临更为猛烈的下跌行情。

循环浪（C）由5个大浪组成，其中第5浪发展成了"延伸浪"。假设这个延伸浪不存在，那么这一轮循环调整浪的第一阶段就会在135~140点附近走完。关于浪"C"，我们作如下简要分析：

1. 8月14日的190.38点至8月27日的175.09点。

2. 8月27日的175.09点至8月31日的179.10点。

3. 8月31日的179.10点至9月13日的154.94点。

4. 9月13日的154.94点至9月30日的157.12点。

5. 9月30日的157.12点至10月19日的115.83点。

在循环浪（C）中，我们能看到三组五个下行震荡，其中的第1子浪、第3子浪和第5子浪都由五个驱动浪组成。浪4为上行调整浪，注意，该调整浪非常重要，且呈现出大家都熟悉的A—B—C形态。浪5的第五个震荡中发展起来的延伸浪，对于投资者来说是一个好的征兆，它意味着前期失去的点位将会很快恢复。对于循环调整浪来说，第二次下跌将会把市场带到新低，在第二次下跌之后，由支撑与派发构成的正常延伸将形成一个三角形调整浪，而浪（E）（最后的下探）将完成循环调整浪的第一个阶段，之后的实质性恢复至少需要由5个大浪组成，我们依据这些波浪可以成功预测出1938年3月至9月的"牛市"。

循环浪（D）则是由一个较大的三角构成，就如浪（C）出现的延伸所预示的那样：

三角形浪1：由从10月19日的115.83点至10月29日的141.22点的三个震荡构成（A、B和C）。

A：10月19日的115.83点至10月21日的137.82点。

B：10月21日的137.82点至10月25日的124.56点。

C：10月25日的124.56点至10月29日的141.22点。

三角形浪2：10月29日的141.22点至11月23日的112.54点。

三角形浪3：11月23日的112.54点至1月12日的134.95点。

三角形浪4：1月12日的134.95点至2月4日的117.13点。

三角形浪5：2月4日的117.13点至2月23日的132.86点。

在该三角形调整浪中，任何一条边都不是由3个浪以上组成的。在三角形调整浪的第5浪结束后，市场恢复到循环调整浪的向下运动。

循环浪（E）由如下五个更小的浪组成：

1. 2月23日的132.86点至3月12日的121.77点。

2. 3月12日的121.77点至3月15日的127.44点。

3. 3月15日的127.44点至3月23日的112.78点。

4. 3月23日的112.78点至3月25日的114.37点。

5. 3月25日的114.37点至3月31日的97.46点。

如此，在1932—1937年的美国牛市中，循环调整浪的第一阶段最终宣告结束，市场准备开始循环性调整浪的第二个重要上升阶段。这一调整运动使得1932—1937年的股指攀升所恢复的155.03点化为乌有。

第十章
循环与亚循环

波浪理论作为一种预测股票价格变动的工具,在实际运用时一定要注意循环之中还会有循环,而且对于比较长期的股价运动而言,必须研究并正确定位每一种循环和亚循环(sub-cycle)。牛市中的这些亚循环,在调整阶段非常明显,有时甚至会让人误认为是"牛"来了。1938年3月31日至11月12日,美国股市便经历了这样一轮剧烈的亚循环调整浪,在第一波动阶段,这轮调整浪呈现出一种由五个重要波浪组成的虚假"牛市形态"。从广义上说,熊市循环中的反弹的延长或延伸调整浪是由三个阶段组成,而牛市运动中向下的延伸调整浪也是如此。

波浪的特征

构成延伸运动的波浪往往会受到诸多因素的影响,而这些因素从表面上看与延伸浪的产生似乎毫无关联。通过对任何一种完整的波浪运动的检验观察,表面上好像都支持这样一个结论:价格运动变化的范围或者目标,实际上都是固定的，或者是预先确定好的。不仅如此，整个循环运动的时间其实也是固定的（波浪运动组成部分的时间会出现变化）。循环时间的变化看起来是受到价格运动速度或速率的控制，这条结论反过来也一样说得通。鉴于此，假如某一个阶段的市场运动非常猛烈、迅速，那么在下一个相应的阶段就可能出现相似程度的下跌。例如，在美国牛市循环运动的第一大浪中（1932—1937年），股指在9个星期内上涨了40点，也就是说涨幅高达100%，平均每个星期上涨4.4点；而牛市的第二阶段在20个星期内上涨60点，也就是说涨幅高达120%，平均每个星期上涨3点；最后一个阶段在138个星期内以较为缓慢的速度上涨了110点，也就是说涨幅为130%，平均每个星期涨0.8点。倘若长期的波浪运动在终点附近发生高速度波动，通常会在趋势反转后的第一浪中也产生类似的高速度，如1938年3月的下行运动以及随后4月的反转都可以归为此类。

成交量在股价波动的某些特定阶段一直发挥着重要作用，成交量本身的放大或缩小会影响价格循环的波动形态与结束时间。所以，研究时间与成交量循环在区分价格螺旋的位置具有明显作用。成交量往往会在循环运动的第3浪中放大，并在第5浪中维持类似的活跃状态。伴随着成交量循环终点的临近，高价股或其他股性不太活跃的股票在市场清淡的时刻，价格会发生一些不规则变化，这可能会扭曲平均价格指数趋势中比较小的波浪，使得浪运动的趋势呈现出暂时的不确定性。然而作者还是要说，股票成交量波浪非常重要，它不但在确定各个价格运动阶段的完成时间和范围方面有用处，而且在确定此后波浪运动的时间、方向，甚至速度方面也很有帮助。它对于快速波动的市场尤其有效，如1938年的市场运动和具有与这场运动类似特征的其他阶段的股票市场。因此，我们从成交量和时间循环，以及与宽幅价格运动各组成阶段的关系中将会得到最精确的市场趋势的判断，那是由于价格形态和所有成交量的浪级都会受到相同的波浪理论规律的支配。

为了让自己对市场趋势的判断更精准，投资者应当至少绘制两个跨度较长的平均价格指数，使用周线变动、日线变动及小时线变动的数据记录，还要配合相应的成交量情况，把这些因素综合起来考察。周线变动应该足以正确地评估趋势中的大致变动，同样，月线变动无疑对很多投资者也是很有帮助的。毫无疑问，日线变动可以使投资者更近距离地观察股价波动中微小的变化，这是正确解释股价循环进程的基础，对于确定趋势中的重要反转时间也是相当必要的。

关键点

小时线的变动数据也不可忽视，这些微小变化不仅能够给波浪的分解提供有价值的广泛数据资料，而且在市场以高速运行以致不能在长期走势图中清楚分辨波浪运动的形态时，可以帮助合理判断股指未来走势。比如，当1937年10月小时线变动记录中出现小三角形，我们就可以合理判断出股指将要向下运动，并将立刻加速或延伸，后来我们看到的便是10月18日至19日的"恐慌"性杀跌。在其他关键点，小时线的变动情况也被证明是非常有价值的，如在最终的不规则顶部之前确定"正统顶部"，投资者就可以在浪尖位置附近把握战略性卖空变现的时机。又如，1938年3月，突破后小时线变动的第一个阶段，其发展为五个子浪，进一步强烈确认了股指实际上已经发生了根本性变化这一事实。

第十一章
波浪理论的实际应用

前文中,我们讨论了波浪理论的原理及其在股票市场操作中的广泛应用。事实上,一项运动涵盖的种类越广泛,包含的数据越具体,它所能表现出来的波浪现象就越是明显。诸如道琼斯指数、纽约时报指数或标准统计之类的平均价格指数都能够正确地反映总体市场的循环位置。因此,通过平均价格指数的波动来买卖一系列分散的代表性股票,我们就可以从中获取利润。毕竟,个股的集合市值与市场大势的波动是同步的。但是,很多投资者总是既要追求利润最大化,又要确保资金安全。这时买进或是卖出一组股票而对其中的个股缺乏独立分析,这显然是不够的。通过对个股的研究,我们可能会发现这组股票中的一些公司,它们所经历的循环与整体市场的循环运动是截然不同的。1935年春的美国制罐公司(American Can)就是一个最具代表性的例子,它的股价走势与当时美国股指走势截然不同。

在图21至图24中,作者运用波浪理论对美国制罐公司进行了分析。在图21中,该公司股票从1932年6月(也就是牛市运动开始点)至1935年6月(也就是正统顶部出现）期间呈现了一轮完整的月线价格变动。这只股票从起涨点到1937年循环调整浪结束时的波浪运动如图中"趋势线"所示。这一月线变动记录将周线变动和日线变动变成了一轮5浪的完整循环。从表面上看，这些图表相对粗略，可事实上有助于我们看清整体趋势，从而保证自己的判断是正确的。

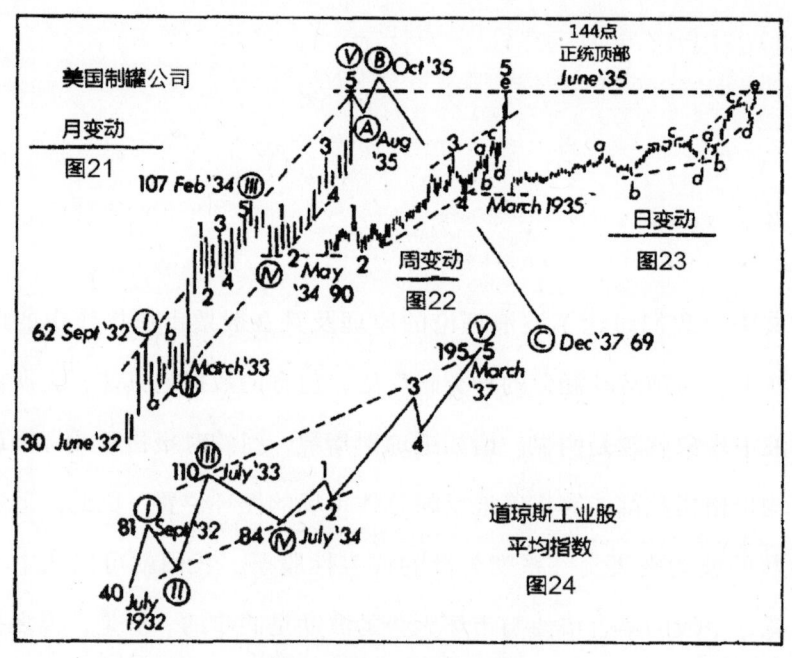

图21　图22　图23　图24

当重要的第5大浪在1934年5月开始，也就是当大浪Ⅳ结束，我们就有必要对股票市场的波浪循环作出更进一步的研究，为此就产生了图22"周变动图"，它显示了在波浪运动中第5大浪的周线价格变动情况。第5大浪在通过中浪4后，追踪日线价格变动范围就开始变得重要起来（如图23所示）。第5中浪始于1935年3月，而5个子浪在1935年6月结束。其标志着144美元的价格，是美国制罐公司这波主要牛市走势的"正统顶部"。

到达波浪循环的"正统顶部"之后，美国制罐公司先是回调到了一个相对低点（1935年8月的136~137美元之间），在此形成了浪Ⓐ，接着又反弹到10月的149~150美元，形成浪Ⓑ，一个不规则的最终顶部真正完成了。从这一点开始，股价又以5浪运动发展的方式形成了很长的浪Ⓒ，这轮波浪直到1937年12月的69美元方才走完。

在到达"正统顶部"的时候，我们可以清楚地看到这只股票所处的循环位置与整个美国股指市场位置之间存在着较大差异。请看图24中道琼斯工业股票平均价格指数的走势图中的重要大波浪运动所形成的趋势线。1935年3月，美国制罐公司处于牛市循环的最终阶段（第5大浪的第5中浪阶段），而这个时候，整个美国股票市场的第5大浪刚启动，并且仍要经历五个向上的中浪。至1935年6月，投资者应该能够意识到这只股票价格的进一步上扬已经具有很强的不确定性，可是在美国股市，大盘却可以以最小的风险获得更大的利润。从那点开始，美股市场上涨了将近80点（高达65%的巨大涨幅）。

小罗伯特·普莱切特点评

[1] 我们希望我们个人用艾略特理论取得成功的记录，可以激发他人努力用这个方法取得相似的成绩。据我们所知，只有波浪理论才能以这样的精度进行市场预测。

[2] 在亚细浪级以上没有发现任何用艾略特波浪理论的方法不可满意计数的波浪。实际上，计算机产生的每分钟交易走势，可以揭示比亚细浪级小得多的各种艾略特波浪。即使在这样低的浪级的单位时间里的(交易)数据点，也足以通过记录"交易池（Pit）"或交易厅内的心理快速变化，精确反映人类行为的波浪理论。

Nature's law – the secret of the universe

第三部分
自然法则
——宇宙的奥秘

注：本部分内容成书于1946年，是艾略特关于波浪理论的集大成之作。在本书中，艾略特不仅分析了波浪理论在股市中的具体应用，还解释了波浪理论的思想来源：每一种平均价格指数、板块指数、个股或任何人类运动都可以通过其自身的波浪来加以解释。

第一章
吉萨大金字塔的秘密

很多年之前,作者就曾经试图确定"循环"这个词的含义,遗憾的是,在这之前没有人能给出精确的解释。在好奇心的驱使下,作者开始专心研究图表,终于发现了波动中所暗藏的韵律(读者可以参考本人在1938年发表的论文中所解释的波浪运动的规律)。后来本人又发现,自己的这个发现事实上是基于某种亘古以来就存在的自然规律,而这一规律早已为吉萨大金字塔(The Great Pyramid Cizeh,很可能是在5000年前就已建造完成)的设计师们所掌握。

吉萨大金字塔是埃及众多金字塔中唯一一座刻有符号的金字塔。一般来说,金字塔之所以被建造起来,是用作国王及其家人的墓穴。而早在公元前820年,土耳其的哈里发(Caliph)、阿尔·马莫(Al Mamoun)就错误地认为,吉萨大金字塔中藏有前任法老的尸体,在里面应该可以找到贮藏的黄金。这个事实表明,在那个时候,吉萨所代表的符号还不为人知。吉萨的建造时间不仅在现代文字出现之前,而且也在象形文字出现之前。关于这一点的有力佐证是在其他金字塔中都有象形文字,可是吉萨大金字塔里面却没有发现。

为了研究清楚吉萨金字塔的各种符号，最近50多年来人们已经花费了无数的金钱。值得一提的是，在当今的知识可以理解的范围内，这些符号所代表的含义都是相对较新的知识，表明吉萨金字塔中蕴藏的科学是超自然的或者是超过了今天的科学发展水平的。据此推断，人类很可能在北半球，特别是从墨西哥到阿根廷一带曾经出现过高度的文明。

根据作者所掌握的知识推测，埃及学者们应该是忽视了大金字塔中所蕴涵的某些重要符号，譬如，金字塔的水平高度与底边长的比例，这个数字其实是61.8%，而其水平高度为5 813英尺。（请注意，在下面加法数列中提到的5、8和13）过去埃及的测量单位是我们今天所熟知的"英尺"。

金字塔侧面3条线是一个循环的轮廓；金字塔有5个面，4个在地上，1个在底部；从顶上往下看有8条线；面、线之和为13。

早在13世纪，意大利的数学家斐波那契就曾经访问埃及，他回来后发现了如下加法数列：1, 2, 3, 5, 8, 13, 21, 34, 55, 89, 144……在这个数列中，任何两个相邻的数字之和都等于下一个更大的数字，如5+8=13、13+21=34等。任何一个数字与下一个数字的比率都是61.8%（其中较小的数字相比所得到的比率略有不同）。因此，金字塔的水平高度与底边长之比已经揭示了整个数列的规律。

我们还会发现，向日葵籽会排列在两条彼此相交的曲线上，其中最大的交点数为144，这也是一个完整的股市循环（股市完成一轮牛市和熊市）中子浪的个数。这一数列中的数字，在人体、植物学、生产力、动物、音乐及包括股市在内的人类活动的波浪之中都有所体现。

公元前5世纪，希腊哲学家毕达哥拉（Pythagoras）访问埃及，回来以后他发现了作者在第二章中将要介绍的图形和内容。

第二章
神秘的自然规律

在5000年以前，人们对于自然规律就已经有所发现。埃及早在公元前1500年就已经处于高度文明时期，而且是当今世界上最古老的国家之一。没有人知道埃及金字塔建造的准确时间，而吉萨大金字塔至少在5000年前就已经被建造了起来。其他一些学者也相信，吉萨大金字塔已经有3万年左右的历史了。

1945年12月3日出版的《生活》（Life）杂志曾经刊登过一篇题为《建造大金字塔》（The Building of the Great Pyramid）的文章。这篇文章写得非常有趣，作者贝尔·戈迪斯（Bel Geddes）先生准备了处于不同建造阶段的金字塔的模型，并附上了它们的图片。这份报告是为《大英百科全书》准备的。文中说金字塔所用的材料总重为3 277 000吨，要知道，当今世界上最高的建筑——帝国大厦，其总重量也才305 000吨。

金字塔的设计者和建设者们为了给后世留下永久的符号，向后世传达重要的信息，他们发挥了非凡的才智、技术，也付出了时间和劳力。毕竟在那个时代，文字还没有出现，各种符号便成为唯一的记录手段。

几个世纪以来，人们对金字塔的研究更加深入，特别是最近几年，研究工作获得了很大进展。然而依据作者观察，埃及学者似乎忽视了一个非常重要的，也许可以说得上是最为重要的符号，那就是吉萨大金字塔的轮廓线。

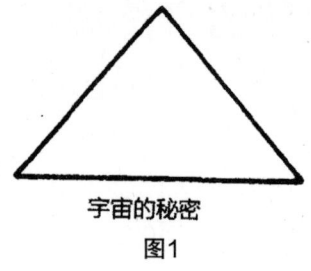

毕达哥拉斯（Pythagorsa）是公元前5世纪希腊著名的哲学家，旧版《大英百科全书》对其活动有详细的描绘。大英百科全书中有一张图，这张图配有一个含义不明的标题（如图1所示），这可能是毕达哥拉斯留下的唯一记录。这是他在埃及游历了很长一段时间后回到希腊绘制的。根据图形我们或许可以合理地假设，毕达哥拉斯所绘制的这幅图形应该指的是一座金字塔。

吉萨大金字塔建成之初的尺寸据估计是：底边783.3英尺，高484.4英尺，高与底边长的比值为61.8%，其中484.4英尺合5 813英寸(5—8—13)。

在大金字塔的四个侧面中，从任何一个侧面来看，都可以看到3条轮廓线。图2中的图形是一个完整的循环。从金字塔四个角中的任何一个角来看金字塔，图3中的5条轮廓线也都是可见的。金字塔有5个面（4面在上，1面是底）。从金字塔的顶点往下看，我们可以看到8条线，如图4所示。

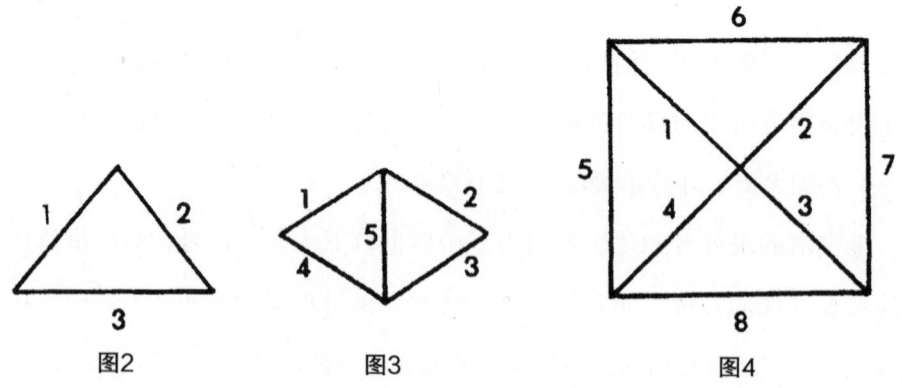

第三部分 自然法则——宇宙的奥妙

斐波那契（Fibonacci）是13世纪意大利数学家。当时他因比萨得里昂纳多（Leonardo de Piza）而闻名，他先后访问了埃及和希腊，在回到意大利以后发现了加法数列。这个数列如下：1，2，3，5，8，13，21，34，55，89，144…

在这个数列中，任何两个相邻数字相加之和都等于下一个数字，例如5+8=13。除前面几个数外，任何一个数字除以相邻的下一个数字得到的商都是0.618，例如8÷13=0.618。除前面几个数外，任何一个数字除以相邻的前一个数字，都能得到1.618。当然，在数字较小的时候，各个比率并不确切，然而对于实际应用来说，这已经足够接近。为了阅读方便，在后面的说明中，前面这个比率作者将称为0.62，后者会称为1.62。

请注意，加法序列的前五个数字1，2，3，5和8，这些数字在金字塔的完整图形中都有存在。

已故的美国艺术家杰伊·汉比奇（Jay Hambidge）曾访问过埃及、希腊和意大利，并撰写出一本非常重要而又非常有趣的书——《动态对称的实际应用》（Practiacal Applications of Dynamic Symmetry）。征得耶鲁大学出版社的同意，作者在此引用了这本书中第27页和第28页的内容，汉比奇是如此表述的：

"在解释叶排列定律（law of leaf arrangement）的时候，植物学家往往会以向日葵的花盘作为例子。花盘是通过两个维度表现这种现象的。向日葵的种子是分布在花盘上的扁菱形的孔穴中，这些孔穴组合形成了一种有趣的曲线，这种曲线有点像表壳上的老式镂花。这种曲线形态成为向日葵籽排列的有趣特征。"

首先，这条曲线本身非常精确。实际上，它很像是贝壳生长的曲线，拥有很强的规则性,而且拥有某种数学特征。这些特征是统一生长的必然结果,这一点作者在后文中会有解释。

其次,如果数一数这些曲线,我们就会发现,在一个直径为五六英寸的正常向日葵花盘内,总共会有89条曲线,向一个方向绕的有55条,而向另一个方向绕的有34条。也就是说,通常情况下,向日葵花盘会表现为55条曲线与34条曲线相交。我们可以将这两个数字记为34+55。在向日葵茎的顶花之下,一般会有第二朵花,其尺寸略小,它的曲线交叉数一般为21+34。茎的较低位置可能会有后来长出的第三朵花,其曲线交叉数为13+21。

在英国牛津,向日葵经过培养长出了更大的花盘,而且曲线交叉的数量已经从34+55增加到55+89。这一研究领域确实非常有趣,而对这一领域颇有研究的领军人物是亚瑟·H.丘奇(Arthur H.Church),他告诉我们,在牛津的实验场中还有另一个更加巨大的花盘,上面的曲线交叉数高达89+144。

在向日葵的花盘上,种子与小花交汇的地方还会有一些小花,就像一颗颗籽,它们曲线相交的数字通常为5+8。

如果我们从植物茎的底部开始数向日葵叶片的数目,一直数到花盘为止,那么就可能发现,在这一过程中,从某一片叶子到第一片直接位于这片叶子正上方之间的叶片的数量是恒定不变的。正是因为有了这个规律,我们就可以得到种子和小花所表现出来的相同的数列。

我们之前提到的各个数字所组成的数列均属于加法数列,之所以称为加法数列,是因为数列中的每一个数字都等于这个数先前若干数字之和,在这些例子里面,每一个数字是等于它前面两个数字的和。例如,下面这个数列,1,2,3,5,8,13,21,34,55,89,144,等等。每个数字都是通过将前面的两个数相加得到的。

第三部分　自然法则——宇宙的奥妙

　　如果我们取这个数列中任何连续的两个数，并将其中一个除以其后面的数字，例如用34除以55，那么我们就得到一个比值，而这个比值对于整个数列中任意两个相邻数字来说都是恒定的。也就是说，任何小数除以其后面的大数字都会得到相同的比率。这个比值数字稍大于0.618，是一个无限不循环小数。如果我们进行反向操作，比如把55除以34，那么就得到了数字1.618。我们可以注意到，这两个结果之间的差是1，我们也可以称为单位元素。

　　而在进行上述两个除法运算时，总会出现一个微小的误差。实际上，用上述除法来表达这个数列所有数字并不十分精确，总会有一个细微的差异。只不过，该误差位于我们所观察的植物生长所导致的误差的范围之内，所以数列中数字应该说是能够经得起检验的。

　　还有一个有趣的巧合：1.618或0.618这个比率是最让希腊人着迷的数字。需要特别指出的是，希腊人毫无怀疑这一比率与植物的构造有关，他们将这一比率称为"极限"（extreme）比率或是"平均"（mean）比率。

　　而在中世纪，这一比率还曾被命名为"神圣分割"（divine section），而到了近代，我们又将之称为"黄金分割"（dolden section）。

　　根据经验，我们已经知道144是具有最高实用价值的数字，因为在一轮完整的股市循环中，所有子浪的个数相加正是144，如下表中所示，作者在第四章的图7中对此也有说明。

波浪数	牛市	熊市	合计（完整的循环）
大浪	5	3	8
中浪	21	13	34
子浪	89	55	144

上面的全部数字都属于斐波那契数列中的数字，而且这些数字可以涵盖整个斐波那契数列。波浪的长度可能有所不同，不过波浪的浪数肯定是相同的。请注意下面例子中的数字：

1. 人类的身体反复出现数字3和5。从躯干开始，人体总共有5个组成部分——头，两臂和双腿。每条腿和手臂又可以分成3个部分。腿和手臂的末端分别有5个脚趾和手指；脚趾和手指又可以细分成3个部分（大脚趾除外）。

2. 作为人类的近亲，猴子与人的身体构造大体相同，但是它们的手和脚是一样的（它们的大脚趾与它们的大拇指是一样的）。大部分动物从躯干开始都有5个突出部分——头和四肢，加在一起就等于5；鸟从躯干开始也是有5个突出部分——1个头、2只脚和2只翅膀。

3. 音乐：这方面最能说明问题的例子是钢琴键："八度音阶"意味着8，每一个八度音阶都是由8个白键和5个黑键组成的，合计为13。

4. 化学元素：世界上大约有89种主要化学元素。

5. 颜色：色彩界共有3个原色，其他所有颜色都由这3种颜色混合产生的。

其他一些事实

6. 西半球由三个部分组成：北美洲、中美洲和南美洲。

7. 西半球共分为21个共和国，所有这些国家都是泛美联盟（Pan-American Union）的成员；北美由3个国家组成：加拿大、墨西哥和美国。南美洲有13个国家和地区；中美洲（之前划到巴拿马运河）历史上是由5个共和国组成的。

8. 美国最初由13个州组成。

9. 在《独立宣言》（Declaration of Independence）上共有56个签名，最初只有55个，最后一个是后来加上的。

10. 美国联邦政府的主要机构共有3个。

11. 陆军的最高军礼：礼炮21响。

12. 美国的法定投票年龄：21岁。

13. 《权利法案》包括：13点。

14. 美国国旗的颜色：3种。

15. 华盛顿特区的华盛顿纪念碑（于1848年7月4日奠基）：

总建造成本，1 300 000美元	13
柱身高，500英尺	5
拱顶石高，55英尺	55
柱身基部，55平方英尺	55
柱身顶部周长，34英尺	34
底座的台阶数	8
窗户（每面2扇）	8

拱顶石呈金字塔形，底为34平方英尺，高为55英尺（两个数字之间的比率为0.618）。

16. "二战"时期的轴心国共有3个成员国；德国迅速占领了13个国家，但在占领第14个国家（也就是前苏联）的时候受阻；墨索里尼当了21年的独裁者。

17. 1852年，海军准将佩里（Commodore Perry）对日本进行了一次友好访问，要求"天皇"（Son of Heaven）放弃绝对的孤立主义；1907年，即55年之后，日本严重威胁到了美国；1941年，也就是34年之后，即距1852年89年之后，日本偷袭了珍珠港。

小罗伯特·普莱切特点评

[1] 市场的行进在波浪中展开。各个波浪是有向运动的模式。更确切地说，一个波浪是任何一种自然发生的模式，正如艾略特所描述的那样。

[2] 斐波纳奇是中世纪最伟大的数学家之一。斐波纳奇总共有三本重要的数学著作：1202年出版，并于1228年修订的《计算的书》；1220年出版的《实用几何学》以及《求积法》。

第三章
人类活动

  我们所说的"人类活动"其包括的范围相当广泛，如股票价格涨跌、债券价格波动、专利、金价、人口数量增减、城市与农村之间的人口流动、商品价格、政府支出和产出、生命保险、发电量、汽油消费、火灾损失、股票交易席位的价格、流行病，以及房地产之类的因素等。

  对人们而言，"未雨绸缪"是一件既重要又必须做好的事情。持之以恒的改善，如建筑物、储备项目、道路、桥梁、工厂和住房应当等到循环性底部进行，如此一来，所有者就能享受到低成本和低劳动费用的双重好处。一句话，人类经济性福利的波动如同地球的自转一样，永无止境。

第四章
人类活动的特征

人类活动总是包含三个特征：模式、时间和比率。在这些特征中，斐波那契加法数列都会有所体现。一旦人类某种活动的波浪可以被研判出来，那么这一规律就可以运用到其他任何运动之中，同样的原则也可以应用于股票、债券、谷物价格，以及所有其他的人类活动。

在人类活动的三个因素中，最为重要的是模式，模式总是不断处于形成的过程中。一般情况下，学习者能够事先识别出模式的类型，然而此种识别也不总是正确的判断。对于模式识别的可能性，要通过之前的模式类型提供，关于这方面的论述，请参见本书《交替原则》一章。

股市循环的一个完美图形（如图5、图6和图7所示），这个完整循环主要可以分成"牛市"和"熊市"两大部分。在图5中，牛市被分成5个大浪，而熊市被分成3个大浪。在图6中，牛市将大浪①、③和⑤各自分成5个中浪。在图7中，中浪1、中浪3和中浪5又各自被分成5个子浪。

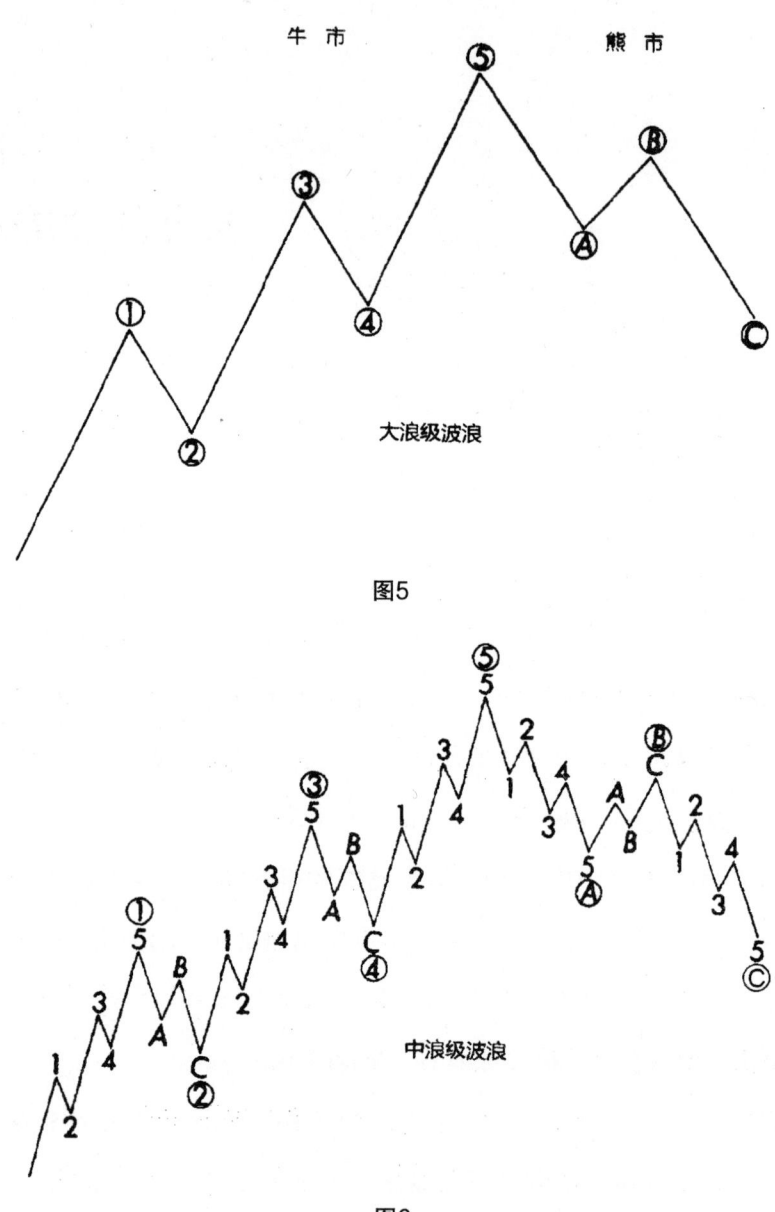

图5

图6

第三部分 自然法则——宇宙的奥妙

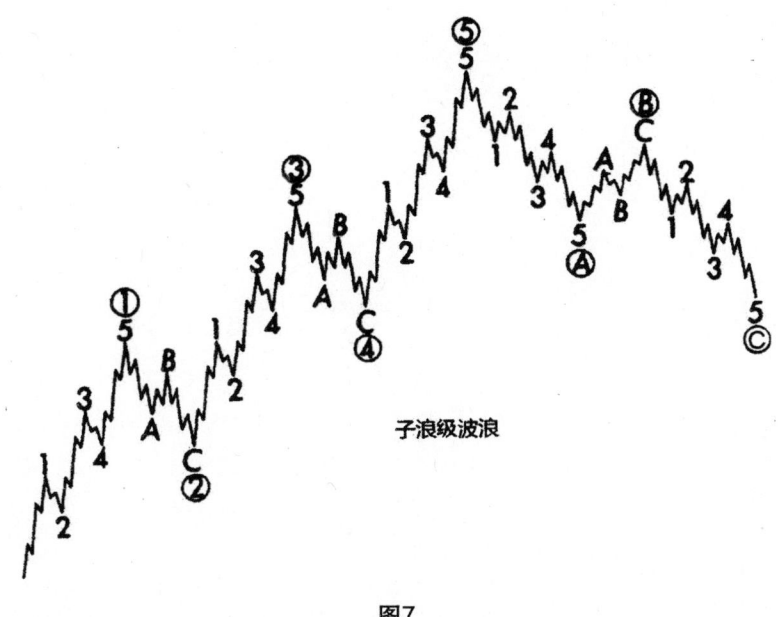

子浪级波浪

图7

在图5中，熊市被分成3个大浪，标记为Ⓐ、Ⓑ和Ⓒ。在图6中，向下的浪Ⓐ和浪Ⓒ被分成5个中浪。向上的浪Ⓑ被分成3个中浪。在图7中，中浪又被细分成子浪。

从另外一个角度看，熊市实质上是牛市的反转，只是熊市有3个向下的波浪，而牛市有5个向上的波浪。牛市和熊市波动中的调整浪都比较难以掌握。

接下来，作者将要介绍的观察股市波浪的方法属于本人原创性发现，鉴于此，不得不创造出一种全新的表达方法。为了解释各种模式及其相应的表达方法，不同浪级的完美图示都将在此一一展现。可以说，"浪级"的大小常常意味着相对重要性的高低。例如，"大浪"级指图5中的那些浪，"中浪"级指图6中的波浪，"子浪"级指图7中的波浪。

139

第五章
调整浪

调整浪的基本形态都是相同的，只是浪的方向和大小存在差异。在牛市中，调整浪的方向向下或是侧向一边。在熊市中，调整浪的方向向上或是侧向一边。正是由于此种规律，牛市和熊市中的调整浪都可以用图形表示出来。第一个显示的图形适用于上行运动，其下的图形适用于下行运动，而且将是"倒置的"；所以，无论"倒置"一词是否出现，它都适用于下行的主要趋势。

读者可以注意到，在图5、图6和图7中一共存在三种浪级：大浪、中浪和子浪。同样的，调整浪自然也有三种浪级。

从浪形上看，调整浪还可以有另外一种分法，即锯齿形、平台形和三角形。

锯齿形

图8、图9和图10所标示的是向上运动的调整浪。

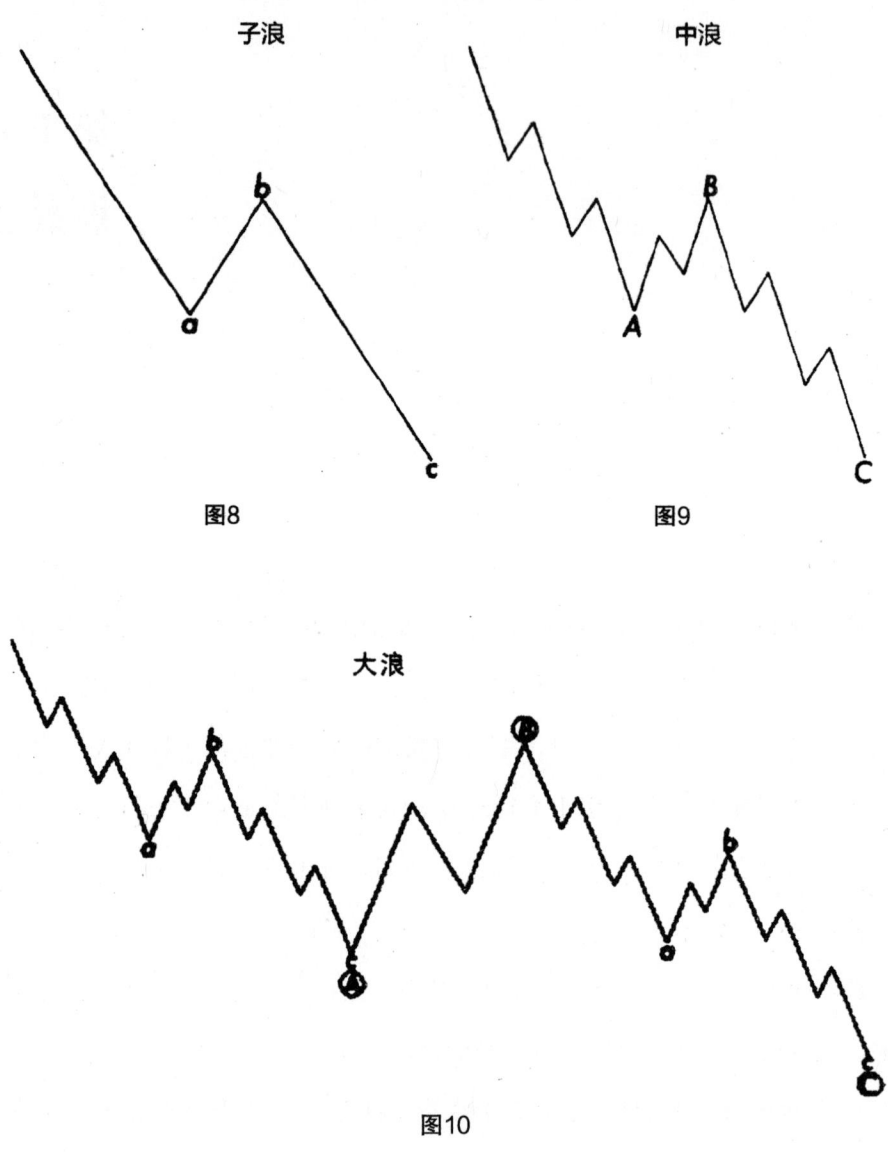

图8　子浪
图9　中浪
图10　大浪

图11、图12和图13则是倒置的调整浪，或者说是向下运动的调整浪。

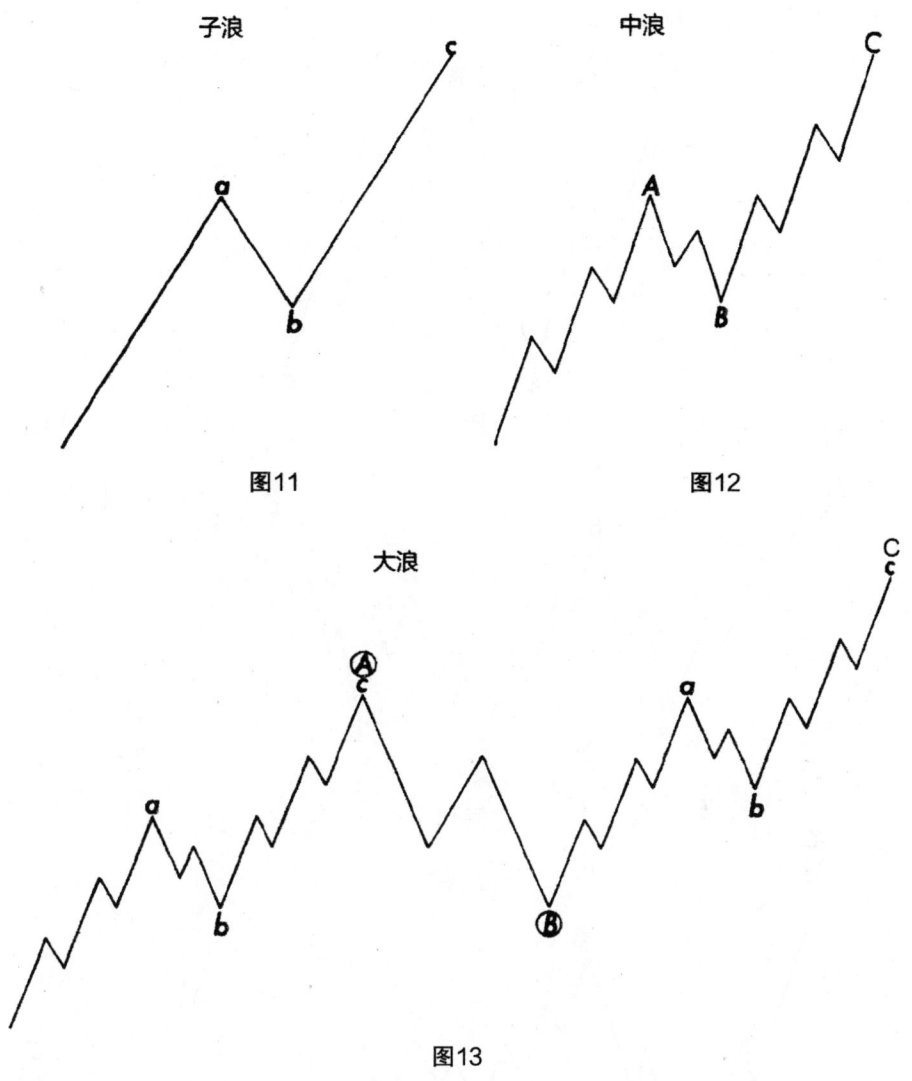

图11　子浪　　图12　中浪　　图13　大浪

平台形

下面将要介绍的是子浪、中浪和大浪级别在内的平台形调整浪，它可以分为普通的（图14、图 15和图16）和倒置的（图17、图18和图19）两种。这些图形之所以被称为"平台形"是因为它们的外形通常是平的。当然，有时

143

它们也会发生向下或向上倾斜。

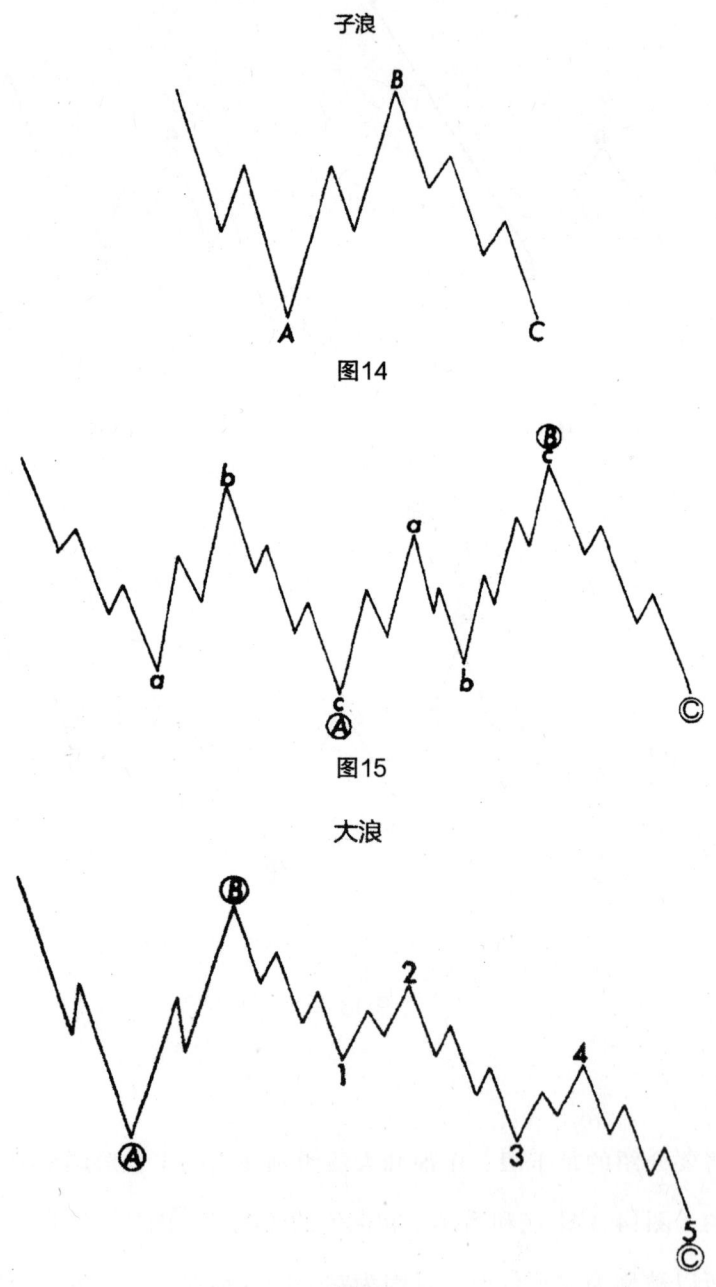

子浪

图14

图15

大浪

图16

第三部分 自然法则——宇宙的奥妙

子浪

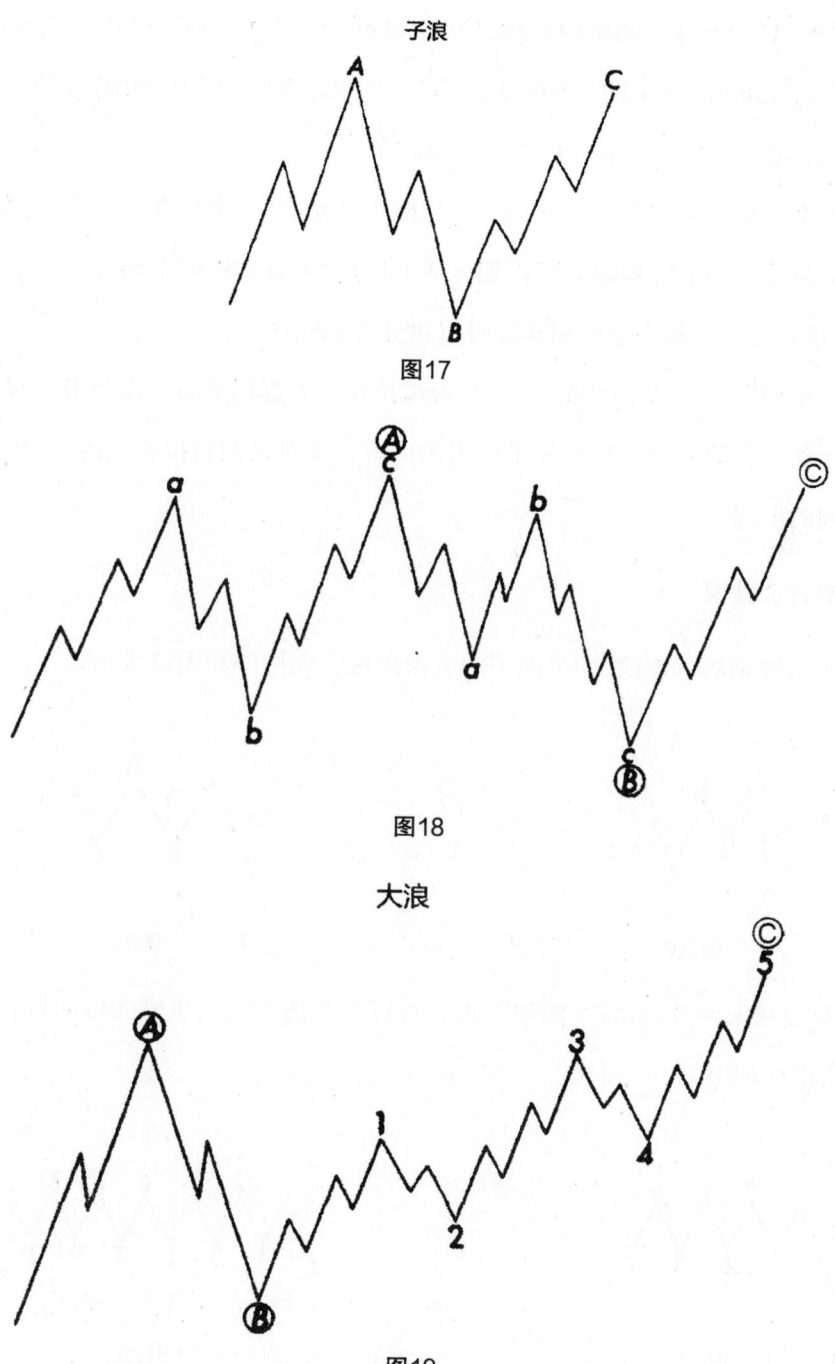

图17

图18

大浪

图19

实际上，平台形调整浪的模式可以被称为"3—3—5"模式。在前面的分析中已经说到，它们是3浪模式，如A、B和C，而在牛市中的浪1、浪2、浪3、浪4和浪5就是"5—3—5—3—5"模式了。

人类的模式是"5—3—5—3"。从躯干开始有5个突出部分：头、两条手臂和两条腿；而手臂和腿又可以细分成3部分；手臂和腿的末端又可以细分成5个手指和脚趾；每个手指和脚趾可以再分成3节。

无论倒置平台形中的浪"C"是否被拉长，它都仍然属于调整浪。只要认真阅读作者在第六章《交替》中所讲的内容，就可以知道拉长了的浪"C"一般会何时出现。

复合调整浪

子浪级别的调整浪由3个向下的波浪组成，如图20和图21所示。

图20　　　　　　　　　图21

双重横向调整浪由7个波浪组成，可以参见图22。三重横向运动将有11个浪，如图23所示。

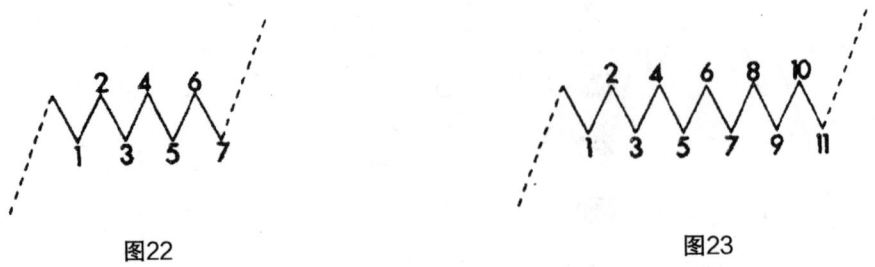

图22　　　　　　　　　图23

或者说就是，对于处于上升趋势的股价走势而言，无论是由1个、3个、7个浪还是11个浪所组成，横向调整浪的结束浪永远是一波向下的浪，它们的命名如下：3个浪的叫做"单三浪"（single three），7个浪的是"双重三浪"（double three），而11个浪的是"三重三浪"（triple three）。

如果波浪数目相同，再加上波动方向属于上升浪，那么这就意味着整个波浪运动属于调整浪，如图24、图25和图26所示。

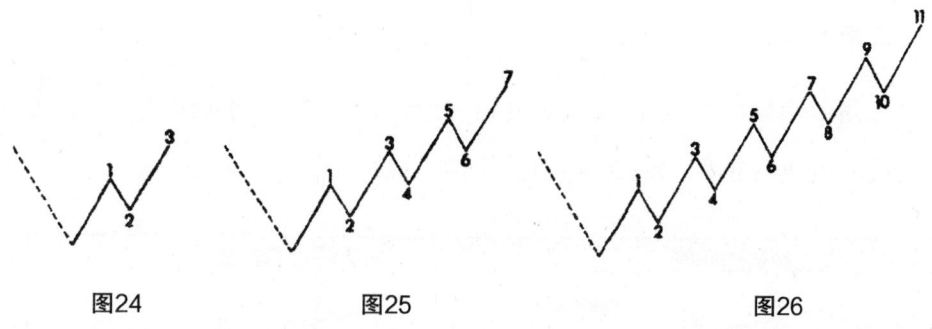

图24　　　　　　图25　　　　　　　　图26

有时这些3浪会改变运动方向，如向上与横向，或者是向下与横向相混合，分别见图27和图28（双重混合三浪）以及图29和图30（双重向上三浪）所示。

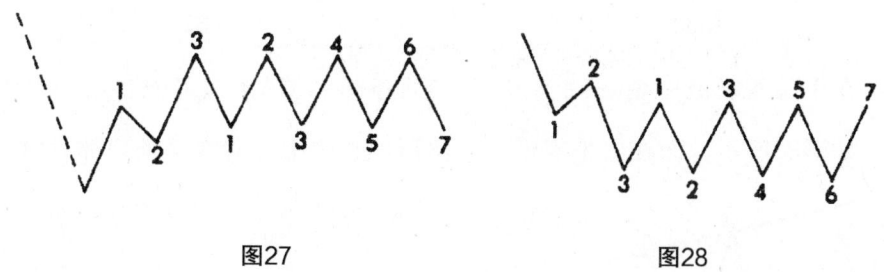

图27　　　　　　　图28

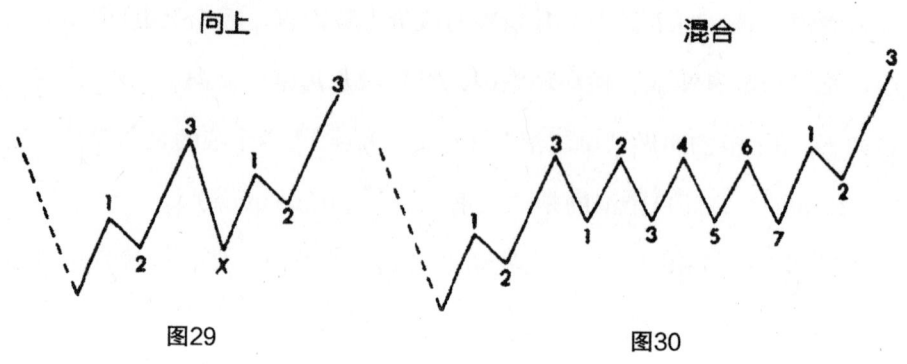

图29　　　　　　　　图30

三角形

三角形调整浪由5个浪组成，更确切地说，是由5条腿所组成。在较大规模的波浪运动类型中，每1条腿都由3个浪组成，如图31和图32所示。

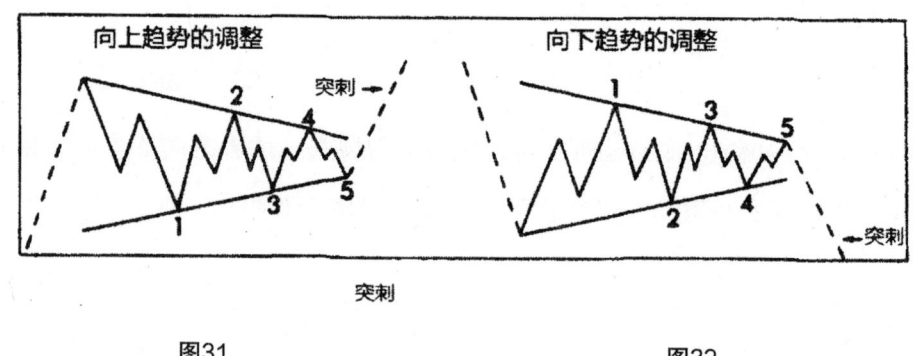

图31　　　　　　　　图32

在中等规模的三角形调整浪中，第4条腿和第5条腿可能各由一个浪组成，如图33所示。而在更小规模的三角形调整浪中，通常每条腿都只由一个浪组成。三角形调整浪主要看其轮廓，即经过高点和低点所绘制的直线。在第5浪开始之前，我们通常无法确定三角形是否正在形成，只有等到第5浪的出现，我们才能确定本次调整浪是否属

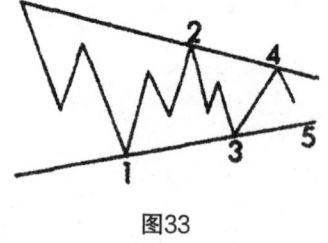

图33

于三角形调整浪。

三角形调整浪可以分成三种形态，如图34所示。

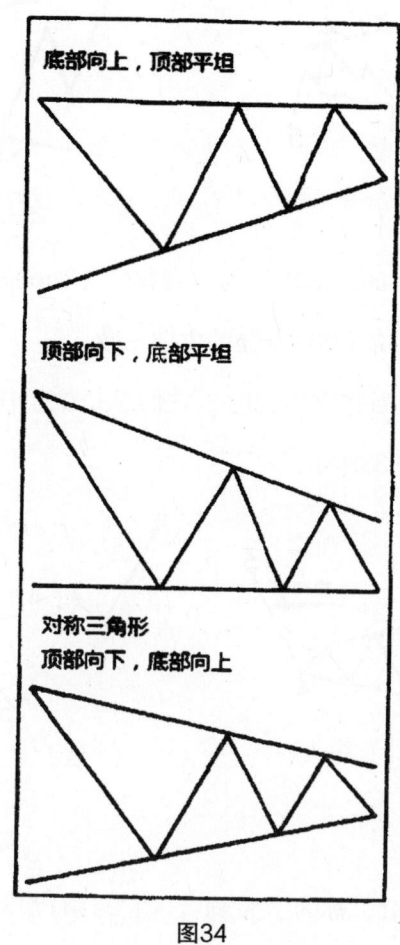

图34

三角形调整浪的第5条腿的结束分为两种情况：可能会在三角形轮廓以内，也可能会在三角形之外，如图35和图36所示。

三角形调整浪的第5条腿应该由3个浪组成，但是也存在例外情形，那就是这个三角形非常小。有时候，一个三角形仅仅会持续7个小时。最大的三角形出现在1928年11月至1942年4月，三角形形态的持续时间长达13年。后一个运动将在其他章节中有所介绍。

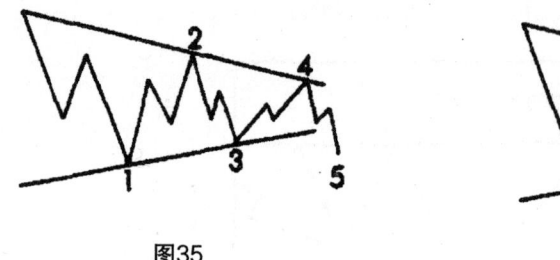

图35　　　　　　　　　图36

三角形第5条腿之后的运动被称为"突刺"（Thrust），它通常由5个浪组成，其方向与三角形第2条和第4条腿的方向一致。

三角形并不常见，当它们出现时，它们总是位于任一浪级向上或向下运动中的浪4，如图37和图38所示。

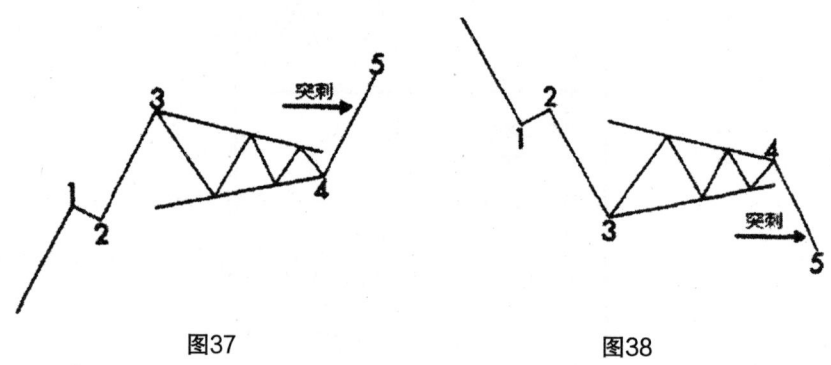

图37　　　　　　　　　图38

三角形后面的第5浪，称为"突刺"，它与第1浪和第3浪相似，由5个浪组成。正如上面介绍的那样，第5浪超过了第3浪的顶部，如图37所示；或者跌破第3浪的底部，如图38所示。

小罗伯特·普莱切特点评

[1] 每一个调整浪都作为一种对之前的驱动浪的反应出现。
[2] 调整浪时常要到完全形成过后才能将其归入各种可识别的形态中。

第六章
交替原则

从字典释义可知，"交替"是指两件事情或一系列事情的依次出现。交替是一种普遍的自然现象。例如，树叶或树枝通常首先在主干的一侧出现，然后在另一侧出现，出现的位置相互交替。人体的组成也遵循同样的规则：5—3—5—3。在股市中，牛市和熊市会频繁地交替出现：由5个浪构成一轮牛市，而一轮熊市由3个浪组成。因此5浪和3浪互相交替，所有的浪级都会受到这一规则的主导。由5个浪组成一轮牛市运动，第1浪、第3浪和第5浪向上，第2浪和第4浪向下或横向运动——奇数与偶数互相交替。

第2浪和第4浪是调整浪，这些浪的模式都是相互交替。假如第2浪是"简单的"，那么第4浪就会是"复合的"；相应地，假如第2浪较为复杂，那么第4浪就会相对"简单"。较小的"简单"的调整浪由一个向下的浪组成，"复合"的调整浪由3个向下或横向的浪组成，见图39和图40。

当浪级较大的时候（如一轮牛市和熊市），调整浪也会相应地较大。通常情况下，最后一轮下跌的准备过程是十分漫长的。首先是一轮向下运动，这轮运动相对较为重要，作者用大写字母"A"表示；随后是一次向上的运动，我们将之标记为"B"；第三个也是最后一个向下的运动是浪"C"。浪"A"可能是锯齿形，在这种情况下，浪"B"将是倒置的平台形。如果浪"A"是平台形，那么浪"B"就是倒置的锯齿形。在任何情况下，浪"C"都将由5个下跌浪组成，它会非常剧烈，并可能会接近前一轮牛市的起点。因此，浪"A"和浪"B"相互交替。

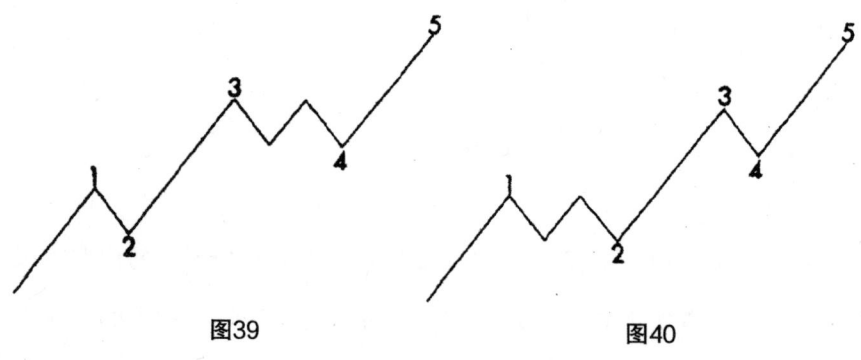

图39　　　　　　　　图40

我们继续以美国股市为例探讨交替的情况。1928年11月至1938年3月，美国股市属于一个平台形形态；而1938年3月至1939年10月，则呈现出一个倒置的锯齿形；1939年10月至1942年5月又是一个平台形。在《波浪原理》"不规则顶部"一章中我们解释过，不规则顶部是浪"B"超过前一牛市第5浪的顶部所形成的顶部。1916年的顶部是一个不规则顶部，1919年的是规则顶部，1929年的是不规则顶部，1937年的又是规则顶部——即使是这些顶部形态，也同样印证着相互交替。

至1906年为止，铁路股一直在美国股市引领股指不断上涨。从1906年至1940年，在这34年（FSS）中，工业股票又充当了领涨龙头。从1940年开始，铁路股再一次成为上涨的龙头。这就是交替。

第七章
算术刻度

研究波浪运动时，要么使用对数刻度，要么使用算术刻度，其他方法从一般实践角度来看都是错误的，在此不作讨论。一般而言，投资者应采用算术刻度对波浪进行分析，除非在极个别情况下确实有需要，否则一般不采用对数刻度。

在一轮5浪的上升运动中，"基线"是通过连接第2浪和第4浪的终点得到，然后过第3浪的终点作一条与基线平行的"平行线"，如图41所示。

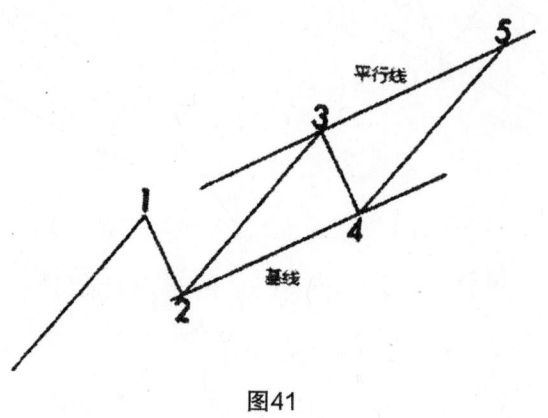

图41

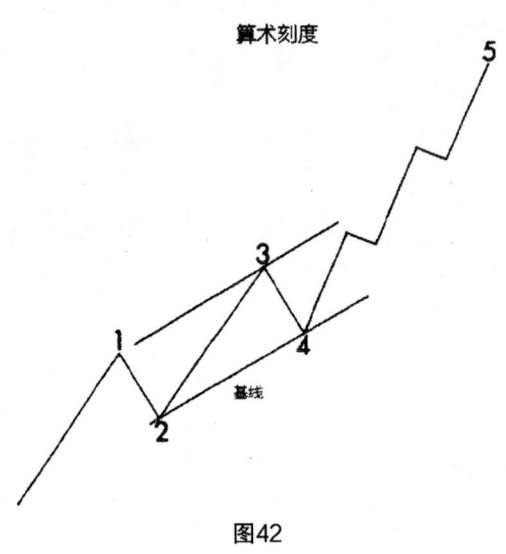

图42

当使用算术刻度时,通常第5浪会在平行线的相交位置附近结束。但是,假如第5浪明显超过了平行线,而且第5浪的波浪组成表明它尚未完成其整个形态,那么从第1浪开始的整个运动都应该在对数刻度上重新绘制。此时,第5浪的终点会到达平行线,但不会超出。利用这两种刻度来绘制相同的曲线,就会像图42和图43所示。

当我们有必要使用对数刻度时,就会出现膨胀(仅指波浪的形状,不影响判断的准确性)。如果使用了对数刻度而膨胀没有出现,那么第5浪和平行线之间就会出现相当的距离,如图44所示。

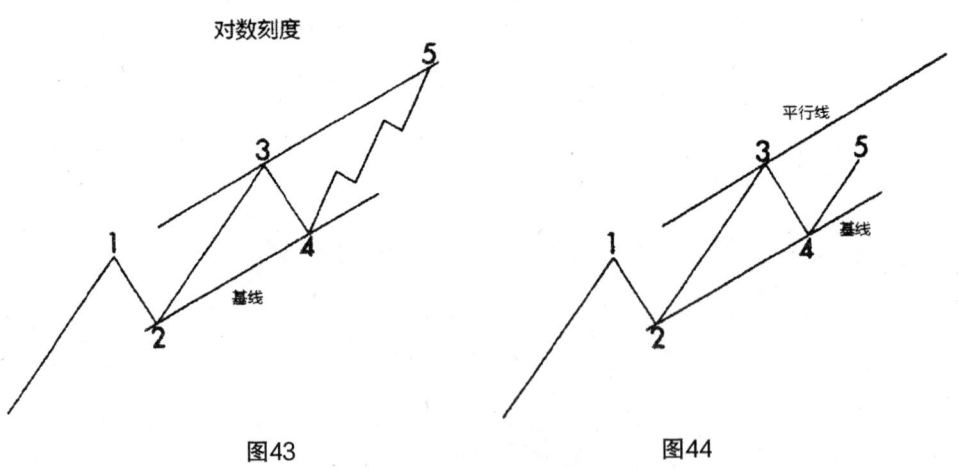

图43　　　　　　　　图44

第八章
实例说明

以前文对波浪运动的阐述为基础,投资者就会很容易理解下面的图片分析。

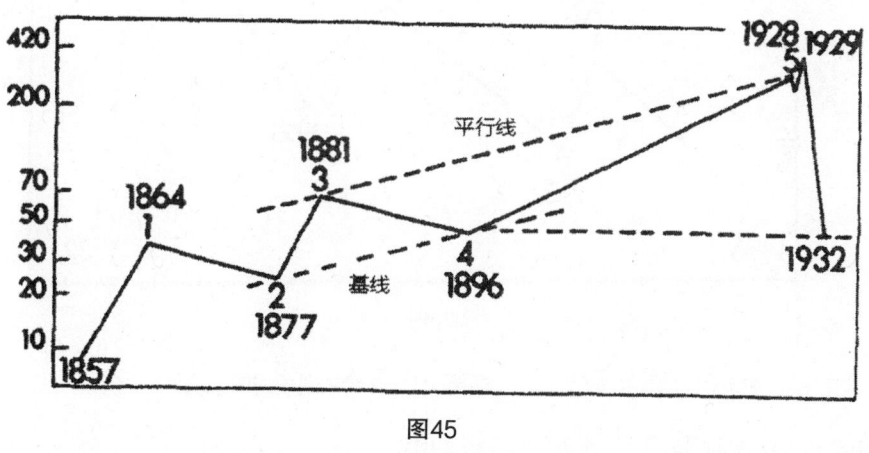

图45

图45是从1857年至1932年艾利斯-霍顿指数(Axe-Houghton-Burgess Index)对数刻度的缩略图。必须说明的是,从1857年至1928年11月的5个浪,基线是沿着浪2和浪4的终点绘制,平行线是过第3浪的顶点作这条基线的平行

线而得到的,而浪5的终点在1928年11月碰到平行线。

总的来看,这轮波浪运动具有较大的膨胀性,为此,我们应该采用对数刻度。然而,在分开绘制其中的几个牛市阶段时,我们却应该使用算术刻度。

延续到1932年的下跌行情恰好达到1986年开始的浪5的起点,正是在这个1896年的最低点的位置,结束了1929年至1932年的下跌行情。也就是说,1929—1932年的这轮正常的调整浪结束于第5浪的起点位置。在该调整时期,因为人们对市场的波浪运动缺少认知,因此把这次调整视为灾难,并冠以"大萧条"(The Great Depression)之名。但是我们对这种图进行细致分析可知,这只不过是人们对波浪循环的误解。

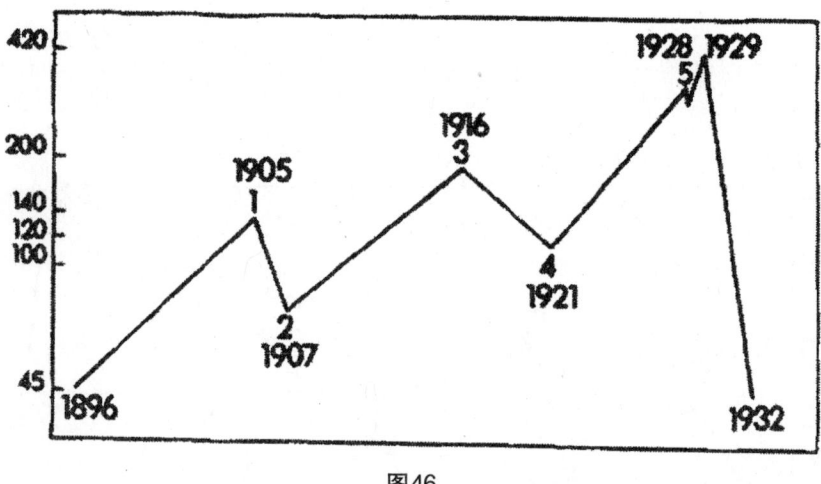

图46

图46是图45中浪5的细节图,是采用半对数刻度进行绘制。在图中,我们可以看到浪5被细分成了5个更小浪级的浪。

图47是1921—1928年道琼斯工业股票平均价格指数的走势图,采用对数刻度进行绘制。我们可以看到基线是沿着浪2和浪4的终点所绘制,平行线过浪3得到,而浪5刚好碰到了这条平行线。

第三部分 自然法则——宇宙的奥妙

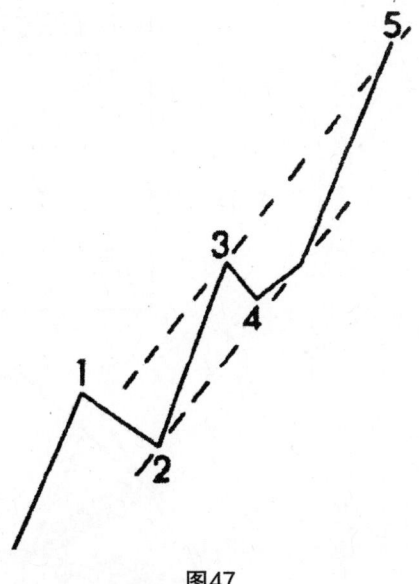

图47

美国股市在1857—1928年的波浪运动由5个浪组成，如图45所示。从1896年开始的第5浪被细分成5个浪，如图46所示。上述运动的第5浪，从1921年开始，再次被细分成5个浪，如图47所示。这样一来，开始1857年的波浪运动被我们分解了三次。

在图48中，道琼斯工业股票平均价格指数是依据算术刻度进行绘制的，市场再一次证明，第1浪和第3浪的涨幅是第5浪的62%（1896—1928年的上涨是同样的情况）。

从1857—1928年美国股市共经历了7轮牛市、6轮熊市，两者的总数为13。请注意，1921—1928年有3轮牛市和2轮熊市，而非1轮牛市；其中的2轮熊市属于亚正常范围。

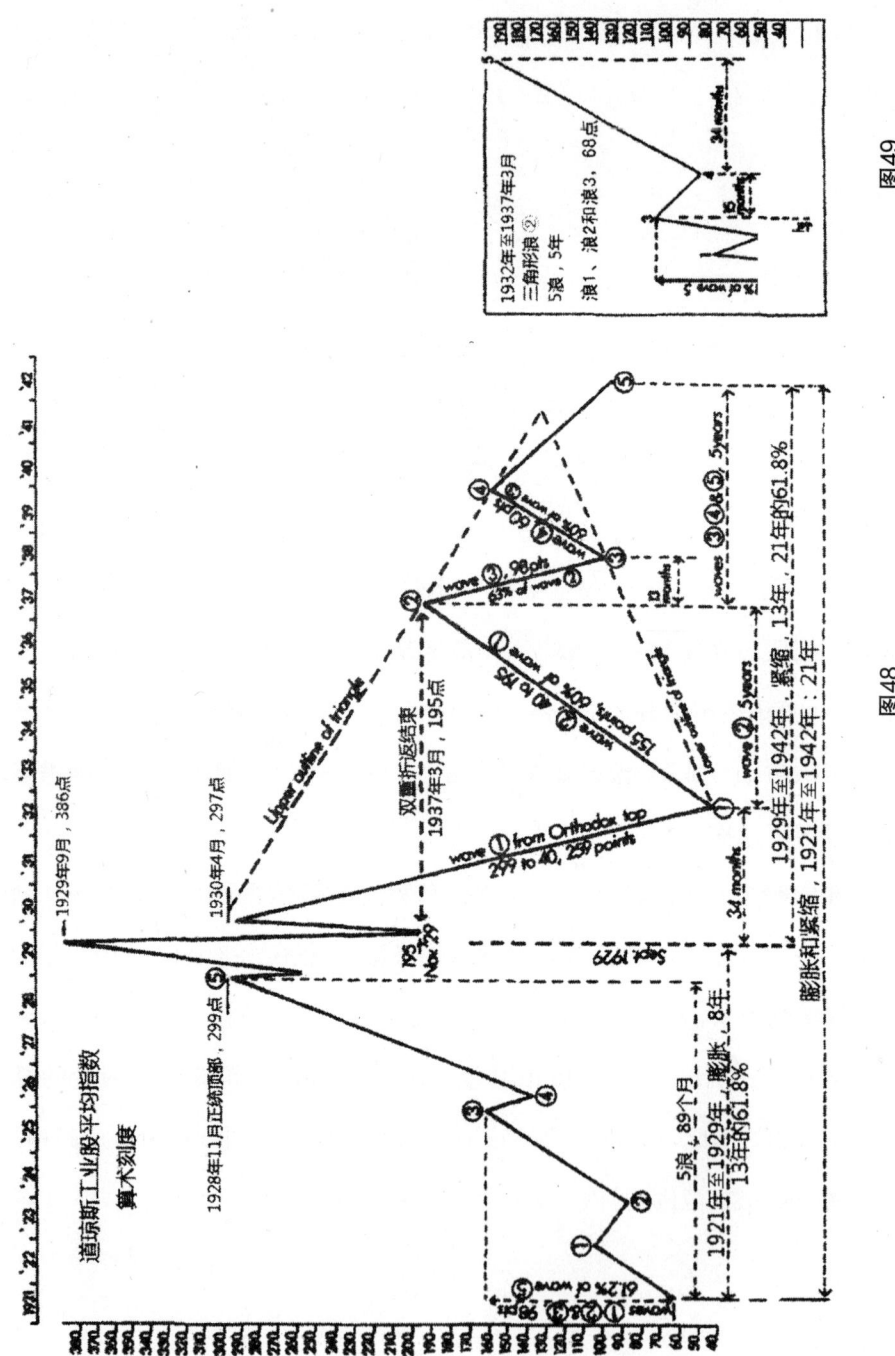

图48

图49

第三部分 自然法则——宇宙的奥妙

分析波浪运动时一定要注意时间因素，因为我们通常用它来确认某种运动模式。例如，从1928—1942年间隔了14年。1937—1942年间隔为5年。从1928—1942年的整个运动属于同一个模式，也就是三角形模式。三角形中的每一个浪的幅度都是其前一个浪的62%。这里的模式因素、时间因素和比率因素都非常完美，而且完全符合斐波那契加法数列。

FSS数字可以应用于三个方面：波浪数量，时间（日、周、月或年数）和FSS数字的比率62%。

小罗伯特·普莱切特点评

[1] 在低迷或波幅很小的市场中——尤其是在市场调整中，波浪结构很可能发展得复杂且缓慢。在这些情况下，长期走势图常常能有效地将波浪运动精炼成一种使行进中的波浪模式清楚明了的形态。

[2] 正确理解波浪理论，有时可以预计盘档型调整浪的走势(比如，当第2浪是锯齿形调整浪时的第4浪)。

第九章
13年三角形

1928年11月美国股市到达了正统顶部299点,而到了1932年,股市达到阶段性底部40点,两者相差259点;1932—1937年指数从40点上升到195点,净涨155点。155同259的比率大约是60%。

从1928年11月的正统顶部至1932年7月是13年三角形的浪①;从1932年7月至1937年3月是这个三角形的浪②,如图48所示;从1937年3月至1938年3月是三角形的浪③。

在1937年3月,美国股指到达195点,下面我们对其进行分析。1921—1928年的美国股指上升行情,实际上开始于1896年的第5浪的延伸浪。如作者在第六章中介绍的那样,延伸浪被"双重回撤":指数1929年9月跌到11月的195点是第一次回撤;1932—1937年指数从40点上涨到195点完成了双重回撤。道琼斯工业股票平均价格指数在1929年11月和1937年3月都在195点结束了各自的上升或下跌趋势,精准程度让人惊叹。

尽管美股在1932—1937年间上升了155点,但这并不是一个典型的牛市;

其运动范围受到4个强有力的技术力量的推动，它们分别是：

1. 恢复1928年11月的299点至1932年7月的40点的下跌，这轮单边下跌行情的跌幅高达62%，在波浪运动中，这种恢复是必然发生的。

2. 完成1921—1928年延伸浪的双重回撤。

3. 时间周期方面的因素，波浪运动的持续时间已经达到60个月或者是5年。

4. 波浪循环运动的模式因素。

实际上，这轮运动遵循了四个必要条件，也就是波浪模式、幅度、双重回撤和时间周期，所有这些都完全基于FSS。

1921—1928年这一时期：浪①和浪③上升了98点，是浪⑤的160点的62%。

我们可以看到图49中穿过底部的水平线：

1. 1921（膨胀的起点）—1942年（紧缩的结束）：21年。

2. 1921—1929年：8年。

3. 1921年7月至1928年11月：89个月。

4. 1929年9月至1932年7月：35个月。

5. 1932年7月至1933年7月：13个月。

6. 1933年7月至1934年7月：13个月。

7. 1934年7月至1937年3月：33个月。

8. 1932年7月至1938年3月：69个月。

9. 1937年3月至1938年3月：13个月。

10. 1937年3月至1942年4月：62个月。

11. 1929至1942年：13年（21年的62%）。

1928年11月（正统顶部）与1942年4月之间的三角形属于对称型。与普通的类型不同，它包含两种模式，那就是平台形和锯齿形。首先是一个平台

第三部分 自然法则——宇宙的奥妙

形,接下来是一个锯齿形,然后又是一个平台形。这具有其必然性,1937年上涨到195点完成从1921—1928年膨胀的延伸浪的双重回撤的必要性,1942年完成其模式的必要性(从1921年开始的第21年),维持62%比率的必要性,以及回撤从1896年开始至1928年的整个第5浪的必要性,以上这些都是波浪理论中非常重要的原则。

在1928—1942年的这段时间,股价所走出的三角形由如下三种模式组成:

1. 1928年11月至1938年3月:平台形(三角形中的浪①、浪②和浪③)。
2. 1938年3月至1939年10月:倒置的锯齿形(三角形浪④)。
3. 1939年10月至1942年4月:平台形(三角形浪⑤)。

平台形、锯齿形,然后平台形——其间的运行一样遵循了前文所说的交替原则。平台形和倒置的锯齿形在第五章中已经有过介绍,其相应的三角形浪如图50所示。

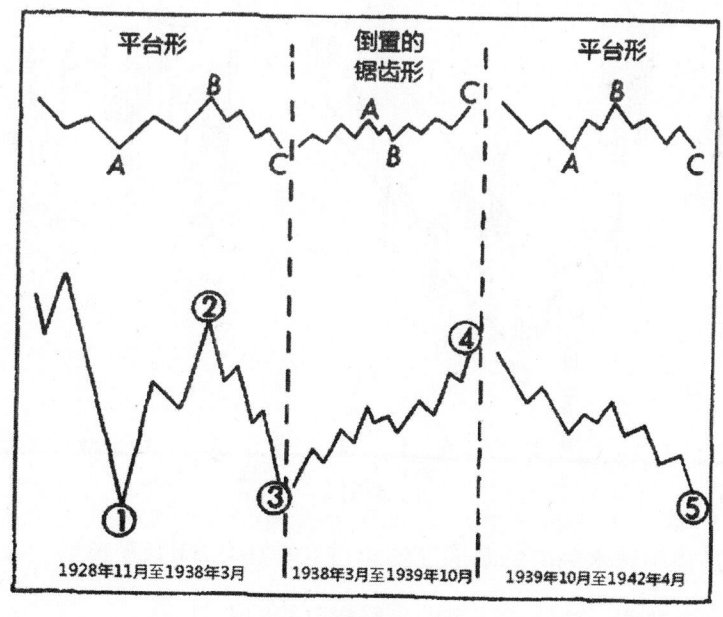

图50

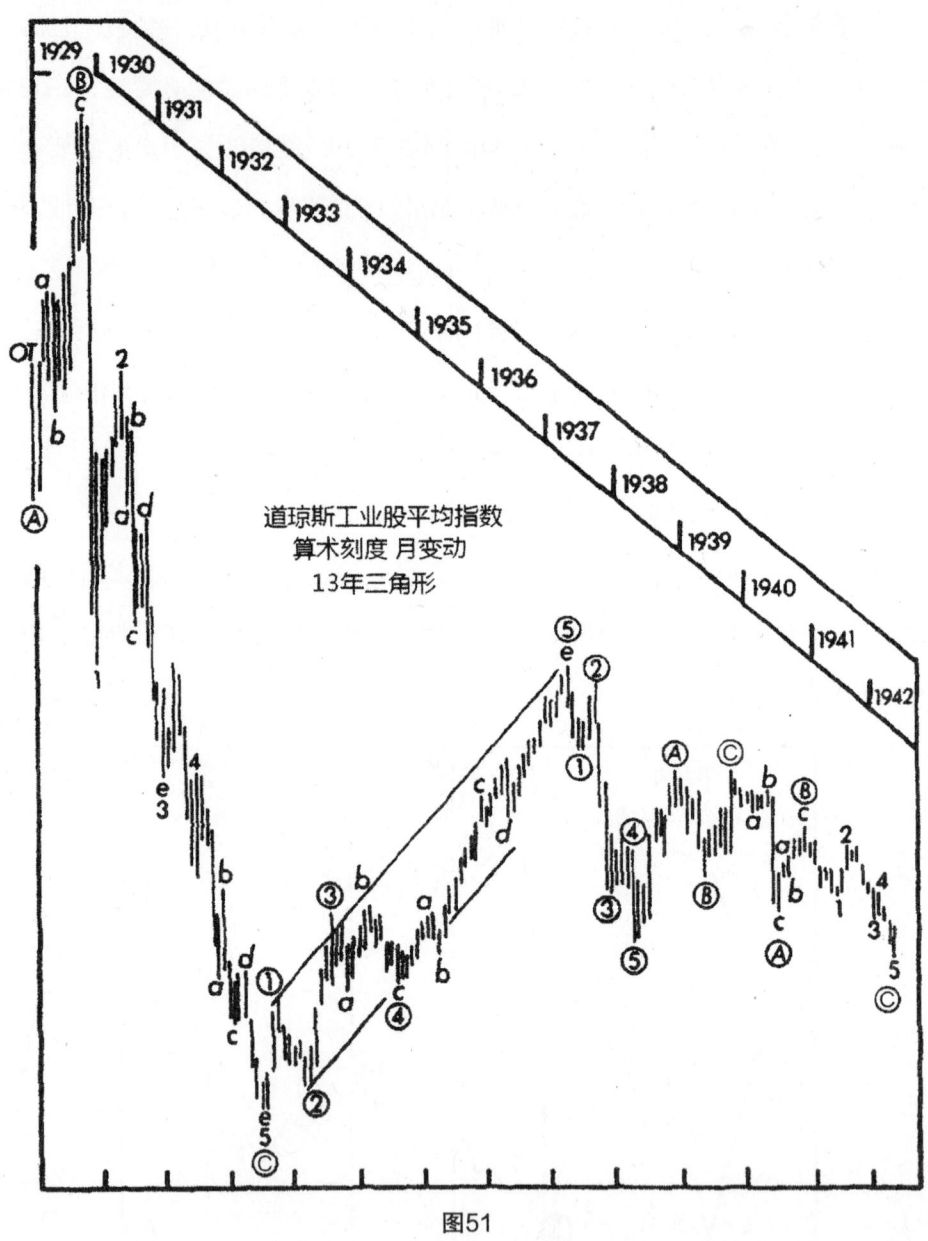

图51

图51是采用算术刻度绘制的1928年11月至1942年4月道琼斯工业股票平均价格指数的走势图，竖线所代表的是股指月线的走势。

第三部分 自然法则——宇宙的奥妙

从1928—1932年的三角形浪①由浪Ⓐ、浪Ⓑ和浪Ⓒ组成。浪Ⓐ由1928年11月至12月的3个下跌浪组成。它们运行速度很快，所以只能在日线变动中可见。浪Ⓑ是呈倒置平台形的不规则顶部。浪Ⓒ由1929年9月至1932年7月的5个下跌浪组成（请参见图中数字），历时34个月。

1932—1937年的三角形浪②是一个典型的牛市模式，因为它由5个浪组成。然而，由于其反常的规模，它可能被归为一个大浪级的倒置平台形，因为它成为"调整浪"一部分，浪②历时5年。

三角形浪③从1937—1938年以5浪下跌，持续了13个月。所以从1928年至1938年3月的三角形浪①、浪②和浪③形成了一个平台形调整浪。

1938—1939年的三角形浪④是一个倒置的锯齿形。

从1939年至1942年4月的三角形浪⑤是一个平台形。它的下垂很长，这一比较极端的长度是必要的，如此才能和从1928年开始的13年的时间及1921年7月开始的21年的总体时间相一致。

其实三角形的第5浪是否在三角形的轮廓内并不重要。比如在本例中，第5浪就超出了三角形的轮廓范围。可是它却构成了一个完美的3浪平台形，记为Ⓐ、Ⓑ和Ⓒ，其中浪Ⓑ的长度是浪Ⓐ和浪Ⓒ的62%。一言以蔽之，浪Ⓐ和浪Ⓒ的长度是一样的。

小罗伯特·普莱切特点评

［1］上升倾斜三角形是看跌的，而且通常跟随着至少回撤到其起始位置的价格直线下降。而下降倾斜三角形是看涨的，通常使价格飙升。

［2］三角形调整浪主要反映一种力量的平衡，这导致了成交量和波动性都逐渐减小的盘档运动。

第十章
膨胀

从词典中的释义可知,"膨胀"意为在温度升高或其他因素作用下,自然限度之外的延伸。在市场中,一轮牛市不会超出"自然限度",相反,假如牛市一个接一个地出现就会超出"自然限度"。就像我们在实际中看到的:一轮牛市一般不会紧接着另一轮牛市,它们之间总是间隔着一轮亚正常的熊市。

正是由于亚正常的熊市,膨胀曾在20世纪20年代出现。在这期间,美国有3轮牛市和两轮亚正常的熊市,总计5轮行情。膨胀征兆按照下列顺序出现:正常的浪1,非正常的浪2,正常的浪3,非正常的浪4,浪5在算术刻度下刺穿平行线(见第七章算术刻度图42)。

图52绘制了一轮正常的牛市和正常的熊市调整(浪a、浪b和浪c),其中熊市调整大大刺穿了基线。图53显示的就是一轮亚正常熊市调整,它刚刚刺穿了基线。

从图54中可以看到,这是一张采用算术刻度绘制的1921—1928年的道琼斯工业股票平均价格指数的曲线图。在这幅图中，第5浪刺穿了平行线，这就意味着整个走势应该采用对数刻度重新绘制。图55是相同指数采用对数刻度绘制的这条曲线。在这幅图中，虽然第5浪碰到了平行线，却并没有刺穿它。

有三种方法可以帮助我们预测点位、膨胀发生、中止时间，它们是：波浪数量、比率和时间（如图48所示）。

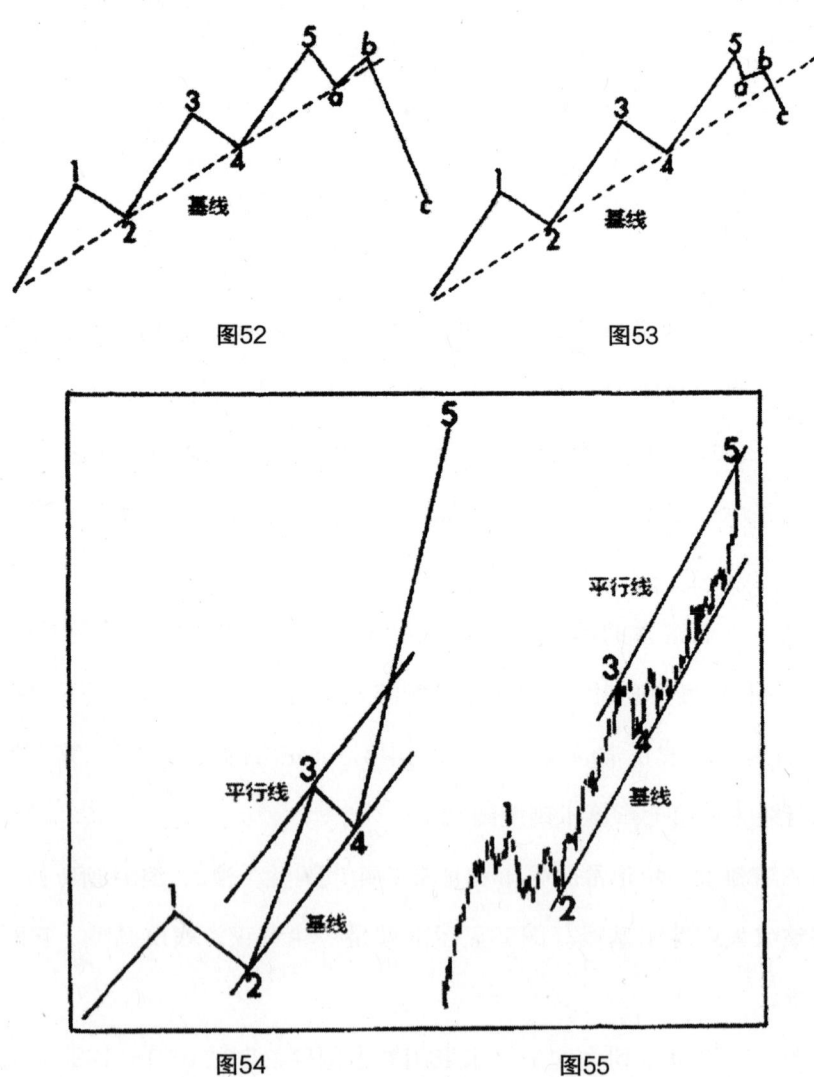

第十一章
金价

我们在所说的区分算术刻度与对数刻度的使用方法差别非常重要，从金价的例子，我们也能看到这种重要性。如图56所示，这张金价的走势图涵盖了从1250—1939年的一轮黄金牛市，时间跨度长达7个世纪。

在图56中，浪②是一个简单浪，而浪④是一个复合浪。请注意浪④中的字母Ⓐ、Ⓑ和Ⓒ。

图56中的走势图是采用算术刻度进行绘制，但是鉴于价格曲线的走势超过了平行线，所以我们需要重新采用对数刻度曲线重新进行测量，如图80所示。

在图57中，对数刻度曲线中的平行线实质上是任何人类活动的最终顶部（假设不考虑货币贬值的可能）。如果一轮5浪上涨在算术刻度上的通道内完成，那么就不存在膨胀。

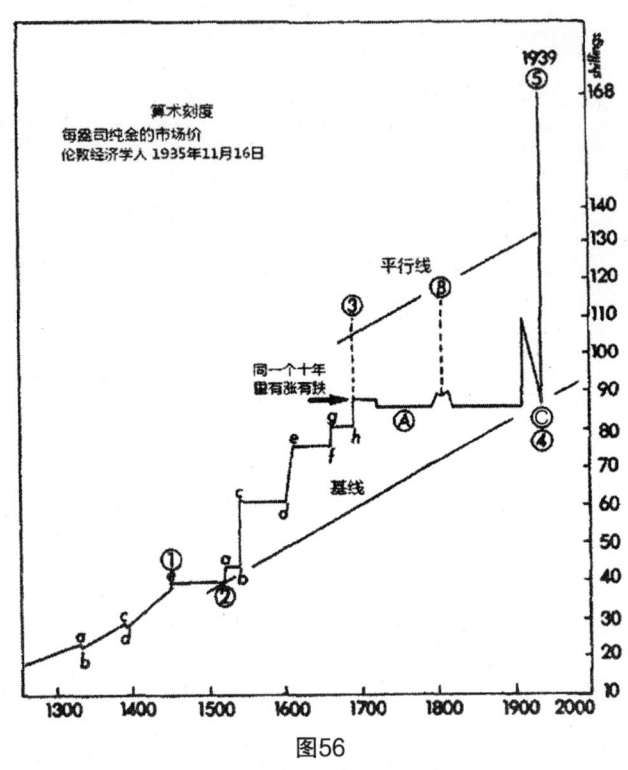

图56

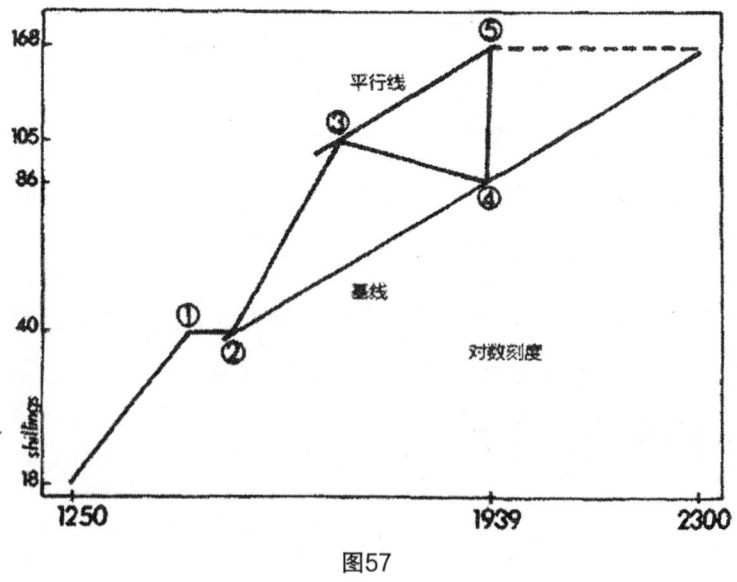

图57

在图56中，我们看到浪①呈现逐波上升的走势，这表明黄金的市场价格在该时间段内是"放养式的"，也就是金价没有受到任何人为的限定。此后，上升行情突然中断，调整浪开始横向运行，这说明黄金价格走势受到管制，这种管制很有可能是来自政治方面的。根据法则，当一个模式已经结束，如图57所示，在对数刻度下，浪⑤在接触到平行线后完成时，在价格线于某一点刺穿基线之前，价格就不会进一步上升。因此，目前168先令的黄金价格很可能会保持相对稳定，金价的变化至少也要到它碰到基线之后才会发生，如图57中最右边虚线与实线的交点位置。

第十二章
专利的数量波动

当我们提到"人类活动"这个词时,就会想到股票市场、生产活动、生命保险、人口从农村到城市或从城市到农村的迁徙等,但人类活动并不只限于这些,正如在第三章所列出的那些杂项。

有时,某些不同寻常的人类活动也可以被测量或者追踪,如专利。图58向我们展示的是从1850—1942年申请专利数的数据记录。请注意其走势图同样由5个浪组成,其中第5浪从1900年延伸到1929年。道琼斯工业股票平均价格指数在同一时期,几乎走出了相同的趋势。请大家注意,专利从1929—1942年的三浪"调整",分别是浪"A"、浪"B"和浪"C"。股市在同期走出了相同的模式,只是1928—1942年的股市"调整浪"是三角形而非浪"A"、浪"B"和浪"C"。

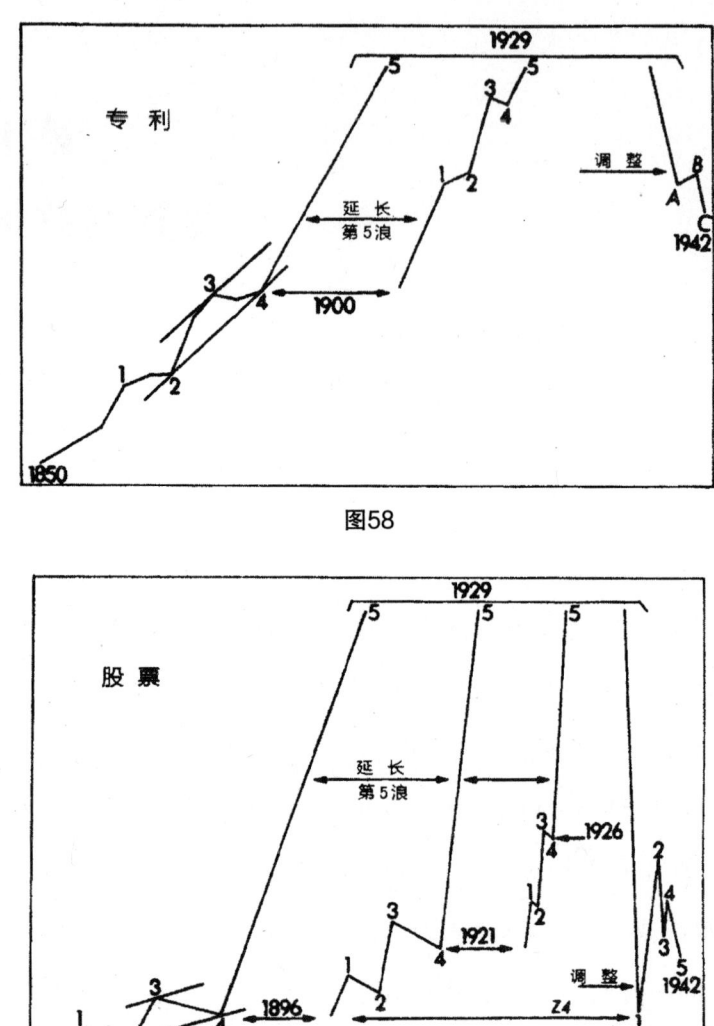

图58

图59

在工业革命之前，农业是全国最重要的经济部门，但是一个农民拥有一家作坊，以制造某些东西作为副业的现象随处可见。此时的制造通常是以个人或家庭为单位的小手工作坊。但是后来，美国的自然资源、气候和人力资源，以及民主需要股份公司这种结构来将个人的创新精神发扬光大，于是发明创造所带来的机械的大面积应用逐渐改变了一切。购买路易斯安那、征服加利福尼亚、兼并德克萨斯和俄勒冈,加之与墨西哥和加拿大确定了边界,这些行为给美国带来了更多的领土,为美国日渐繁荣的制造业锦上添花。

人才从来都是最重要和宝贵的资源,从1850—1942年专利申请数量的图中就能看出这一点。特别要注意的一点是,专利申请的数量变化趋势几乎与股市的走势完全一致。美国拥有可观的人才储备——其居民来自于世界各地,在这里他们一边享受自由,一边充分发挥自己的才干。

第十三章
技术特征

一般来说，某一种活动的运行规律无法准确投射到另一种运动上，即使偶尔把规律迁移过去也很少会准确。图60分别显示了三个指标的图形——伦敦工业股票指数、道琼斯工业股票平均价格指数和美国的产出指数。所有这些指标的波动时间段都从1928—1943年，其中美国产出的数据来自克利夫兰信托公司。

道琼斯工业股票平均价格指数中记录了一个从1928年11月（正统顶部）至1942年4月的5浪三角形形态，这个三角形的第2浪、第3浪和第4浪的长度约为前一浪的61.8%。这个三角形可以通过其轮廓、时间因素、每个浪的组成及每一浪与前一浪的统一比率得到证实。1921—1929年这8年间的快速膨胀，使得美国股市一路下跌，熊市行情一直持续了34个月至1932年才结束。而这些又产生了这一对称三角形，整个走势图就如同一个快要停下来的钟摆，其摆动的动能越来越不足。

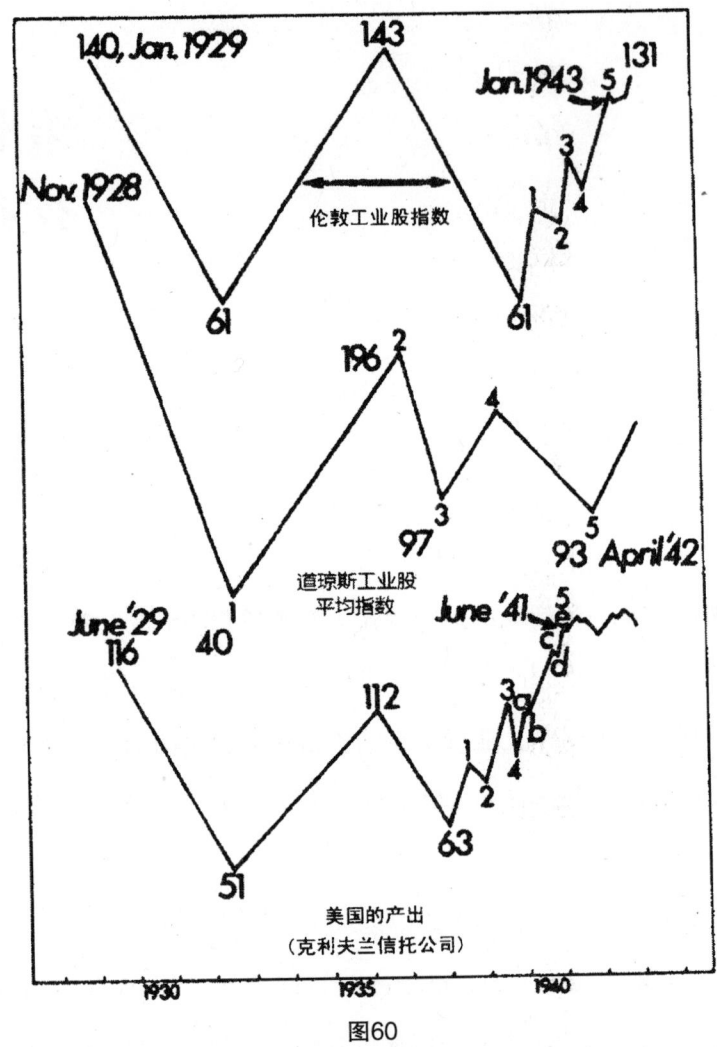

图60

在13年的时间内，发生了很多重大事件：从共和党到新政的转变、美元贬值、政府债券中黄金条款的拒绝履行、连任不能超过两届先例的打破、1939年开始的第二次世界大战、美国产出增加（其指数在1938年开始上升，并在1941年结束其5浪模式），但是三角形形态并没有受到影响。

第三部分 自然法则——宇宙的奥妙

伦敦工业指数（上）在1929年与纽约的股票走势不在同一个节奏上，该指数分别在1929年1月（140点）和1936年12月（143点）见顶。1932年和1940年的最低点相同，都是61点。从1940—1943年，该指数上涨了131点。1939年1月26日至7月28日，伦敦工业平均指数形成了一个三角形形态。

伦敦股指分别在1720年、1815年和1899年达到最高位，其时间间隔约为89年（FSS）。英国的股票即使膨胀，也不会遵循我们股票市场的方式进行。

克利夫兰信托公司编制的产出指数（下）在1929年6月（116点），1936年（112点）和1938年（63点）达到最低点。一轮完整的5浪上升运动从63点开始一直到1941年6月才完成其整个模式，道琼斯工业股票平均价格指数则是在其之后的1942年4月才从三角形的终点起步开始上涨。

1857—1928年这段时间，美国参与了三场战争：内战、美西战争和第一次世界大战。可是，这些战争并没有对市场产生太多影响，整个超级循环运动的模式非常完美。

有一个事实是：股票和商品从来没有同时膨胀过。所以，假如商品处于最高位，那么股票就不会在同一时间处于最高位。商品在1864年和1919年膨胀过，相隔55年。

消息其实毫无价值，作者将在下一章中对此进行说明。一位金融撰稿人曾说：

"证券价格因为来自萨勒诺的利好消息上涨及在8月对来自西西里的类似利好消息的反应等，使得很多学者得出结论：8月份的回调主要是由于技术方面的原因，而非军事事件。"

某一天，伦敦市场经历了一场激烈的空袭，之后伦敦股市上涨而纽约股市下跌。两地的金融撰稿人都提笔在评论中作分析，认为空袭是股市波动的原因。而事实上，当时的伦敦市场正处于上升趋势，而纽约股票市场处于下跌趋势，不管什么空袭，两个市场都遵循各自的趋势运行。上述分析表明，技术因素在任何时候都支配着市场的波动。

第十四章
道琼斯铁路股指数

研究铁路股指数是一件非常有趣而且又有意义的事情,更重要的是它能够让我们从中获利。在美国的经济体系中,运输可以算是一项重要产业,因为美国政府自从购买了路易斯安那,与墨西哥和加拿大确定了国家边界,再加上后来德克萨斯州和加利福尼亚州的加入,州与州之间的距离已经变得非常遥远,运输因而显得越来越重要。

在图61中,下方的那条曲线代表的是从1906—1940年美国铁路股指数相对于工业股指数的比率。这条曲线表明:与工业股相比,铁路股从1906年到1940年的34年间呈现持续疲软的走势。铁路债券相对普通股的比例过高,另外,巴拿马运河在1914年开始投入商业运营,汽车和飞机也越来越普及,这三个因素导致了铁路债券和股票的疲软,以致到了1940年,有1/3的铁路里程处于破产管理状态,而另外的2/3处于破产边缘。

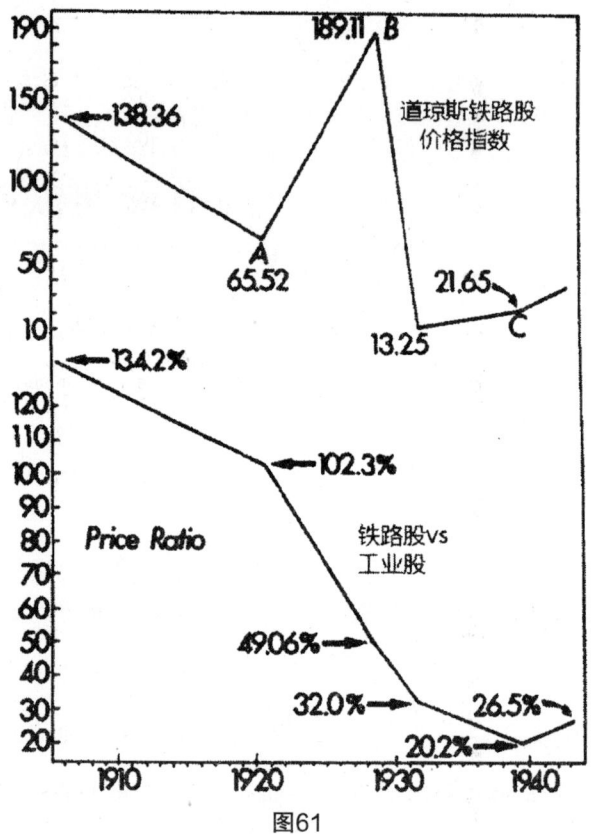

图61

第二次世界大战使得巴拿马运河与铁路之间的营运竞争得以暂时消除,铁路股投资者的收入大幅增加,无论是客运还是货运收入。1940年以来,特别是珍珠港事件发生之后,铁路公司拥有丰厚的额外收入,这些额外收入使得铁路公司赎回了大部分债券债务,毫无疑问,这种好处具有长期性(如图62所示)。

在1940年,铁路股指数与工业股指数的比率达到了历史最低点。从该点位开始,一直到1943年7月,这个比率一直处于上升行情之中,如图63所示。工业股指数在1942年4月见底,这是前面所述的13年三角形的终点。

第三部分 自然法则——宇宙的奥妙

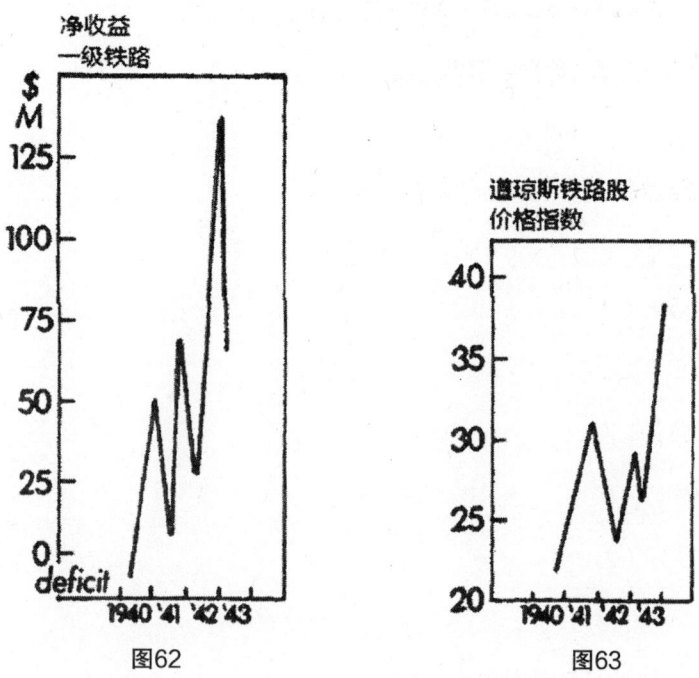

图62　　　　　　　　　图63

从1906—1940年的34年间，注意又是一个FSS，铁路股指数的走势会在工业股指数之前发生反转向下，并且会在工业股指数之后再反转向上。然而，1940年之后，这一规则发生了逆转；与工业股指数相比，铁路股指数总是会最先转而向上，最后反转向下。这种情况可能还会持续若干年。

第十五章
消息的价值真相

华尔街一直流传着一句谚语：消息适应市场。说得更直白一点，并不是消息造就了市场走势，而是市场预见并评估了后来可能出现的消息，并对其内在力量的重要性作出了相应的反应。也就是说，消息的发出充其量不过是对已经作用了一段时间的各种力量的一种延迟认知，只有那些没有正确预见到股价趋势的人才会大吃一惊。

那么，影响市场趋势的真正动力是什么呢？答案是自然与人类行为，我们可以利用不同的方法对其进行测量。伽利略、牛顿等科学家，已经通过科学实验证明了力以波的形式传播。不仅如此，这些力还可以计算，并可以通过比较波的结构和范围得到相当精确的预测。

一些有丰富交易经验的交易者早就认识到，任何想凭借自己的能力来解读股市单一消息的人都注定会失败。因为没有哪条新闻或事件能够成为推动任何趋势持续进行下去的动因。事实上，在很长一段时间里，相同事件的影响力会各不相同，这是由于股价波动趋势所处的宏观环境已经大不相同了。

综观道琼斯工业股票平均价格指数45年来的数据记录就会发现：总有国王遇刺、战争、繁荣、恐慌、破产潮、新世代、新政、"反托拉斯"，以及各种重大事件此起彼伏地发生着。但是这对市场并没有太大的影响，所有的牛市运动都以相同的方式运行，所有的熊市也都会表现出类似的特征，这些特征可以控制并衡量市场对任何消息的反应，还可以控制和衡量股指总体趋势的分量范围和比例。无论消息面有什么新闻出现，我们都可以利用这些特征来评估和预测股票市场未来的波动趋势。

当然，某些时候我们还会遭遇突发的不可抗力的事件，比如说，自然灾害。但是，无论当时这些事件给人们带来的震惊有多大，其都会很快被消化掉，而且也不会使市场大趋势发生改变或逆转。

从这个角度来看，有经验的股票交易者更愿意采用"在有利好消息出现时卖出，有利空消息时买进"的操作模式，特别是在这些消息与之前的趋势截然相反时，这种操作安全性更高。这一因素往往会推翻大众交易者对市场的预期，他们想当然地认为，市场会对消息直接作出反应，而且在不同的时间对相似的消息的反应是一样的，但这是错误的。

对于那些认为消息造就了市场趋势成因的投资者而言，想凭借其能力正确揣度重大消息的意义，可能还不如干脆去赌博碰运气更可靠。在新泽西州维斯特伍德市的X.W.罗福勒（X.W.Loeffier）先生出版的道琼斯平均指数图中，附带了按时间顺序排列的重要的消息事件。当我们对这一指数图进行分析研究之后就会发现，市场往往会在同样的消息下出现没有规律性的上涨和下跌。所以想要确定市场趋势的唯一方法是研究整个市场的循环运动，否则就会"一叶障目"。

有时候，影响整个世界的战争发生了，一时间战争的影响力超过了一

第三部分　自然法则——宇宙的奥妙

切，无论何时，有关战争的新闻报道总是占据着头版头条。以至于看上去它似乎强大到会推动股市朝某一个特定方向越走越远。1937年8月和9月，美国股票市场出现急剧下跌；1938年3月、8月和9月及1939年3月和4月，美国股市再次骤然暴跌，而这些暴跌都与战争的发展一致。然而，当1939年9月1日，美国正式宣战的时候，股市却巨量大幅上涨。对于这一奇怪现象的唯一解释，就是当时市场波浪运动所处的技术位置是不同的。

在1937年、1938年和1939年年初，市场已经完成了所有重要的反弹，而且恢复了战时的下跌趋势。于是，这些"战争恐慌"被作出了看跌的解释，进而加速了下跌。不过，在1939年9月，当战争刚刚开始时，市场已经处于完全不同的位置。走势图显示1939年7月下旬开始的下降行情，实际上是对当年4月中旬开始的上升行情的调整。这个下跌阶段在9月1日前的一个星期就彻底完成，而且实际上市场在短期内从8月份的波浪底部出现了迅速上涨，涨幅大约有10个点。

因此，当美国正式宣战的时候，市场的走势拉了一条深V曲线——在当天先是剧烈下跌到略低于8月份底部的水平，然后以惊人的速度向上反弹。那些在8月底部及在第二次战争恐慌时期底部买入股票的投资者，相比那些在随后疯狂攀升过程中买入股票的人而言，无疑获得了更多的利润。在攀升中买入股票的投资者大多会后悔买进了股票，因为他们在最高价买入，然后不得不在大亏时卖出。实际上，钢铁股及其他主要战争题材的股票，在不到两周的时间内就迅速达到最高点。从那以后，在1939年秋，股票市场进入了一般意义上的熊市循环，市场对于战争题材股和战争利润的前景就一直不看好了。相比之下，第一次世界大战（1914—1918年）的影响总体是看涨的，其主要原因就在于从1913年中期就已经开始的价格循环的类型。

当法国在1940年年初被德国军队击败时,大多数人都悲观地认为希特勒必将占领英格兰,从而结束这场战争。然而,在5月份(即当道琼斯工业股票平均价格指数到达110.61点的时候),最糟糕的时期其实已经过去了,当时的波浪运动应该为实质性的中浪级别的恢复行情,投资者应该在这段时间买入股票。尽管6月上旬,从欧洲传来了法国被击溃的消息,但是平均价格指数也不过才下跌到110.41点而已。

在1940年11月美国大选时,关于耗费巨资进行战争防御并且对英国施以援助的消息被公布了出来。大多数经济学家和观察家都认为这会引发通货膨胀,所以建议买入股票。与此同时,波浪规律却表明从价格的角度来看,通胀并不一定会使股票从中受益,而且从6月份开始的上升运动已经就此结束了,股票将创出更低的价格。随后,美国股指下跌了将近50个点。

所谓"时事会影响市场",这一观点在美国非常有市场,甚至还被某些人利用。如果股价波动真的是因为时事而产生的,那么循环规律就不会出现了。无论一个人多么相信"消息",作者都会建议他对波浪形态及波浪比率进行一次认认真真的回顾和分析,然后回忆一下在那21年时间里被多次提及的事件及观点,他就会明白一切了。

很多金融评论员,坚持认为时事新闻是影响股市上涨下跌的主要原因,他们把每天的消息和市场行为联系起来,并进行分析。但事实上,这只不过是把一个消息简单地套到一种市场行为之上。假如没有消息,可是市场发生了波动,他们就会说市场行为是"技术上的"。

第十六章
如何绘制走势图

对于投资者来说，给出一些具体的投资建议可能更受欢迎，而通过对这些建议的学习，投资者也一定会有所收获。

就像前文所说的，如果我们想精确地观察一轮波浪运动中的较小浪级的波浪，就需要看价格波动的日线变动走势图。这种走势图能够显示股价从最高价到最低价的变动情况，这种日线变动走势图是道琼斯公司于1928年首创的。

为了让价格波动的曲线更明显，建议将垂直方向上的1/4英寸（1英寸＝2.54厘米，下同）处代表工业股票平均价格指数的一个点，半英寸处代表铁路股票平均价格指数的一个点，半英寸处代表共用事业股票平均价格指数的一个点。这种间距是比较合适的，也有助于我们通过图上的位置对相关数据作出较为准确的判断。把每1/4英寸再细分成5等份，如此一来，我们就不用在记录日线变动和小时线变动时再去猜测点的位置了。

而学会如何确定每日之间的间隔距离也是同等重要的。如果使用走势图上的每一条竖线，而不是间隔一条使用，那么价格变动的各条线就会很难区分，不易读取。这一点请投资者注意，遇到节假日或是星期天时不必留下空隙。

建议在小时记录上也采用类似的刻度和样式，水平方向上的1/4英寸代表每5个交易小时或者一个最小的方格代表一个交易小时。不要在周六的两个交易小时之后留下空隙。不要在图上显示开盘价。当日的最高价到最低价应该在每个交易时段的最后一个小时结束时记录。

图一定要清晰。当一轮运动在一张纸上开始，而在另外一张纸上结束时，就会影响到清晰度。如果一轮运动在一张纸的上半页没有结束，在下半页继续开始也是一样。

投资者可以到文具店选购由科菲尔-安舍公司（Keuffel & Esser）生产的图纸，它能使波浪表现得更清楚。该公司的图纸可选的尺寸有：20英寸宽的卷筒纸、8.5×11英寸和10×15英寸的纸，上面三种尺寸的纸张都有两种克数可供选择。

建议选用10×15英寸的图纸，而且不要为了节约用纸就在一张纸上绘制两个以上的平均指数。例如，一张10×15英寸的纸上可以绘制工业股指数的价格和成交量的日变动，而在另一张纸上绘制铁路股和工业股指数的日变动。再用另外两张10×15英寸的纸，一张用于工业股平均指数的小时记录及整个市场的小时成交量，另一张用于铁路股指数和公用事业股指数的小时记录，整个过程要用到4张纸。

对于个股和商品走势，上述建议也同样适用，只是走势图纸的格子应该等分成4份而非5份。绘制周变动应当选用最大尺寸的图纸以便记录尽可能长的时期，用一张纸记录一个完整的循环。而平均指数和股票群的月变动，对

第三部分　自然法则——宇宙的奥妙

于观察完整的循环显得至关重要。

前文中，我们已经提过日线变动在确定周变动的范围和形态方面的重大价值。同理，周线变动也有助于我们确定月线变动的范围和形态，月线变动有助于确定循环的范围，有助于我们对月度时间周期和波浪比率进行观察解析。

请看图64，图中竖直方向的1/4英寸代表工业平均指数的一个点，而铁路股票和公用事业股票平均价格指数则是半英寸代表一个点。周线变动分为每1/4英寸代表工业平均指数两个点和每1/4英寸代表铁路股票和公用事业股票平均指数的一个点。

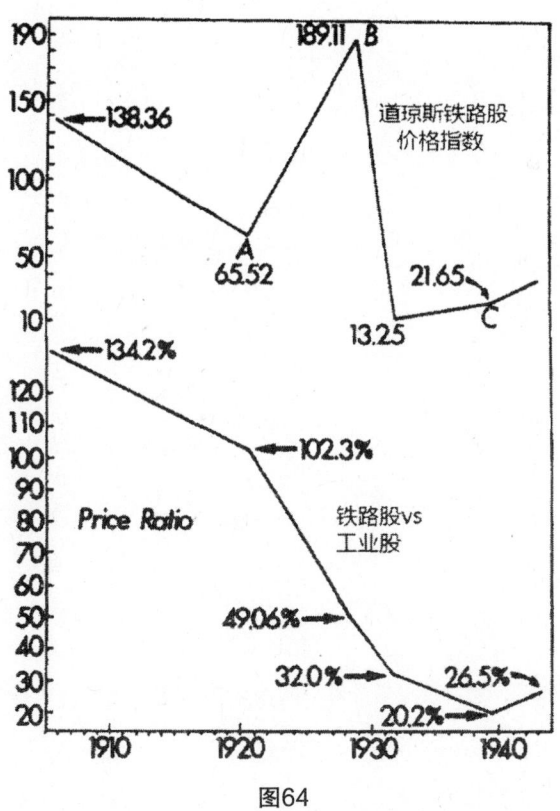

图64

在绘制实际走势图纸时，交叉的刻度线呈淡绿色。另外，大家能看到，用黑墨水绘制的曲线形态在淡绿色的背景下会非常明显，所有这些都非常有利于我们对波浪进行正确解读。

小罗伯特·普莱切特点评

［1］追踪股市的正确方法是用半对数刻度绘制走势，因为市场的历史仅与百分比相关联。投资者关心的是盈亏的百分比，而不是市场平均指数运行的点数。

［2］为了作图方便，我们建议仅用半对数刻度绘制长期走势，这时的差别非常显著。算术刻度相当适用于跟踪60分钟走势。

第十七章
最佳投资时机

宇宙是时间和空间的统一。而我们把1年分成四季：春、夏、秋、冬。一天分为白天黑夜：白天是活动的时间，晚上是休息的时间。

就投资而言，时间也是最重要的因素之一。买什么很重要，但是什么时候买更为重要。而波浪运动通过其形态会向我们指明市场的下一轮运动方向，人们可以对它的起点和终点进行确切地分析。

假如在1932年1月，一个人投资1 000美元于政府发行的长期债券，并在1939年6月卖出债券，那么他就在89个月总共获得了5 000美元的利润（包括利息和增值）。在1932年1月，政府债券的市场收益率是4%，至1939年6月就只有2%了。假设我们将同样的1 000美元在1932年7月投入股票市场，那么仅仅至1937年3月，就有可能已经增长到5 000美元（不计入分红的情况下）。当然，对于这些利润的计算都是以流行的平均指数的百分比变化为基础的。

精确预测使得统计的应用范围越来越广泛。现在，人们正在花费成百上千万美元寻找一种令人满意的预测方法，事实上人们应该意识到要预见市场的习性，而非跟在这种习性的后面，否则这种寻找注定只会无功而返。

第十八章
选股的原理

在第十七章中,我们论证了股票交易中的首要因素是选择正确的时机进行交易,即告诉大家应该什么时候买入,什么时候卖出。接下来一个重要的因素就是应该操作哪只股票,即选股。关于这一点,我们有一个基本原理,投资者可以把这些原理作为自己挑选股票进行交易的指南。

波动与收入的关系

股票的价格总是在一个较大的区间内波动,这种波动甚至要比它本身的价值大得多。因此,我们在进行投资时,最重要的就是确保本金在价格波动中的保值和增值。

板块的见顶

在牛市中,55种标准统计指数成分股中的每一板块总是有机会见顶,虽然会发生在不同时间。牛市是一种特定的市场行情,在这种行情里的规律就是在大约两年的时间里走出5个大浪。在这段时间里,有些股票板块的运动由于会受到波浪循环的有力推动,其走势往往出奇地一致。

如何判断熊市

通常情况下,一轮熊市所持续的时间会比它之前的牛市短。在1929—1932年短时剧烈的下跌行情中,我们会看到最好的股票和债券跟较差的股票和债券一样,不论其实际价值如何,都被抛售掉了。这对投资者产生了一种误导:即这种情况是正常的,所有的熊市都应该重复这种表现。然而,对历史数据的研究已经表明:这种剧烈的下跌行情往往会间隔很多年才会再次出现。

在熊市即将结束时,最终的底部特征会变得非常明显,因为几乎所有的股票板块都会同时见底,这正好是牛市顶部特征的反转。在熊市中,领涨股往往表现得特别强劲,特别是在市场出现反弹的时候。在熊市波动中,不管是整体的大盘走势,还是几个特定的股票板块,总是更容易受到外部消息的刺激。

不要迷信以往的交易经验

有一种情况是很常见的:很多交易者会因为之前投资某只股票失败,进而对该股票产生厌恶情绪。这是错误的,买过赚钱的股票要随即忘掉,对买过赔钱的股票也不要抱有成见,否则最终交易者会发现,偌大的股票市场中,没有一只股票可以买卖。

股性不活跃的股票

交易过程中应该避免那些股性不活跃的股票,这是由于相应的波浪还没有得到记录,我们就无法把握其未来走势。股性不活跃的状态让我们很清楚地知道这只股票的股权还不够分散，否则它的股价早就涨上去了。

小道消息的价值

这里说的小道消息主要指内部消息，投资者往往会信赖从朋友那里传来的内部消息。可事实上，这些消息都是来自于那些股性并不活跃的或者是低价的股票。在我们的投资过程中，最好是将个人的交易范围限制在那些活跃的股票中。

股票的年龄

有一点是很多投资者都没有意识到的，股票也有年龄，它的一生通常可以分为三个阶段。第一个阶段是实验阶段。投资者应该避免投资处于该阶段的股票，因为它们还没有被完全调和；第二个阶段是发展阶段。处于该阶段的股票已经得到了健康的发展，因此便成为一种值得交易的媒介，当然前提是它们已经得到彻底的调和；第三个阶段也可以被称作成年阶段。这一时期股票稳定可靠，波动也很小。由于上述原因，这些股票通常会被划入投资组合之中。

总之，当我们确认了趋势，认为是很好的投资时机，并且开始选股时，应当遵循如下建议：

1. 挑选与市场走势表现一致的板块进行投资。
2. 然后选择与这些板块指数的运动趋势相一致的股票。
3. 挑选那些股性活跃、价格适中而且正处于成年阶段的领涨股。
4. 管理好你的资金，别把鸡蛋放在一个篮子里，比如，我们可以把差不多等量的资金投入5~10只属于不同板块的股票当中。例如：通用汽车

（General Motors）、联合飞机（United Aircraft）、美国橡胶（U.S.Rubber）、美国钢铁（U.S.Steel）、纽约中央公司（New York Central）和统一爱迪生（Consolidated Edison）等。

小罗伯特·普莱切特点评

[1] 选股并非不重要，但比起出入市时机来，它是次要的。交易者或投资者，要在股市中成为胜者，就必须知道大势的方向，并顺势投资，而非逆势操作。

[2] 波浪理论大体上允许个人的态度和环境影响任何个股的价格模式，以及在一种较小的程度上影响一小群股票的价格模式，这仅仅是因为艾略特波浪理论反映的只是那部分由投资者群体共享的每一个人的决策过程。

第十九章
金字塔形符号

经过兰顿基金会的授权,作者从兰顿先生撰写的《麦基洗德预言》一书第134~135页引用了如下内容:

"金字塔底座的周长为36 524.22英尺,这个数字刚好是365.2422(我们太阳年中的天数)的100倍。

金字塔的设计高度是5 813.02英尺(5、8、13,FSS)。

古代神秘的智者制定了关于数量、时间、重量和长度,以及长度的平方和立方的测量体系。所有这些都是基于这个正方形的边长,并且这个长度来自于一个周长等于太阳年中的天数的圆。既然地球绕这太阳公转的时间是永恒不变的,那么我们相信这些智者所制定的唯一的测量系统也是永远正确和一致的。"

在确定了吉萨大金字塔底部周长之后,调查者又努力地查找了与这一周长数据相符的已知事例。比如例子中1年的天数(精确到小数点后面的最后一位小数)。换句话说,两个数字之间确实存在着某种神秘的联系,这就证实了创造出这些符号确实有某种目的，而且这些符号是可以用来作出预测的。

作者发现了人类活动中的规律，而且后来知道它在大金字塔中也被用符号表示了出来。这些符号在第一章和第二章已经有所介绍，并在第八章至第十四章进行了论证。

作者对金字塔符号论证体系的发现如下（按命名顺序）：

1. 发现了各种波浪的模式、浪级和波浪数。

2. 将斐波那契数列、汉比奇(Hambidge)的发现在艺术和植物学中的应用，同毕达哥拉斯和他的神秘图形联系了起来。

3. 发现了不同视角下的金字塔图形。

4. 斐波那契比率与金字塔的高度——5 813英尺（由斐波那契加法数列的三个基本数字：5、8和13组成）与底边之间的比率关系。

5. 将加法数列应用于人类活动的多个领域之中。

比例尺

绘图员们使用一种叫做"比例规"的工具（外形像圆规，两脚上各有刻度），它的支点可以移动，这样就可以得到自己想要的任意比例。但是在日常生活中，这些工具价格非常昂贵，寻常人难以获得。鉴于此，作者设计了一种轻便的、无须数字计算就可以确定两轮运动的幅度和时间的比例关系是否为61.8%的工具。只要收到25美分的支票、汇款单、硬币或是邮票后，作者就会回寄这样一个工具给寄件人。

第二十章
循环运动定律

前文提到过词典对于循环一词的释义,但是说的并不完整,实际上关于"循环"的定义有四种,分别是:"一段时间的重复运动""一次完整的旋转""一种螺旋形的叶状结构"和"一系列的自我复制"。现在,我们主要关注的是股票市场中的周期性韵律,而这一特征在股票市场中表现得非常明显。从车轮的滚动到天体行星的运行,每一种运动都是周期性循环的。不仅如此,所有的循环还都包括分支或是级别,这样的细分对于度量它们的发展来说是很有帮助的。

行星沿着各自的轨道运转,而且都有其特定的速度。地球绕自转轴自西向东转动,每自转一周需要24小时,而这24小时又可以被分成白天和黑夜。地球每年绕太阳转动一周,于是地球上产生了春夏秋冬四季。天象仪的机械装置可以通过向后或向前旋转,从而可以显示各个行星及其在任何时间的相对位置和运动轨迹,包括过去、现在和未来。

我们注意到某些元素的运动模式永远不会改变,水就是如此。太阳对洋面的照射使得海水蒸发，空气带着水蒸气直到它遇到丘陵和高山上的冷空气，温度的降低使得水蒸气凝结成水滴，重力又会将水带回地面，水又汇入海洋，这就是水在地球上的完整循环。

地球上的各个国家都经历着循环，这种循环包括政治、文化和经济等各个领域，有大循环，也有小循环。而人类生命的循环模式则可以通过大众的活动得到观察，例如，从城市中的迁进迁出、平均年龄、出生率的变化等。

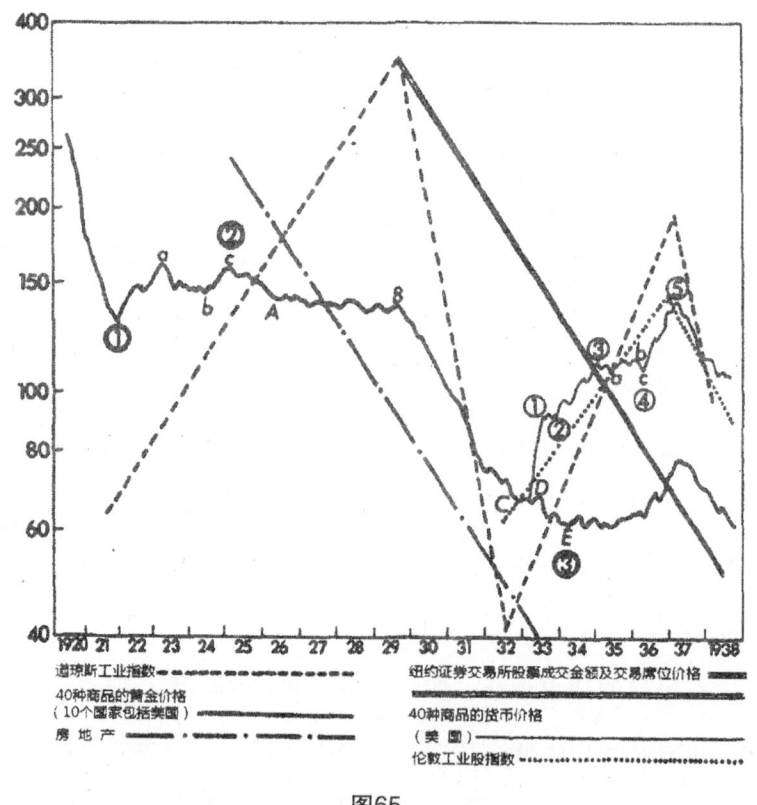

图65

从图65中我们可以看出，考察一种人类活动时，我们不可能用一种人类活动来预测。也就是说，每一种人类活动的因素都必须通过其自身的波浪加以表现，而不是借用外部的因素对其分析。从1939—1942年，美国股票市场

第三部分　自然法则——宇宙的奥妙

停滞不前的状况曾在社会上引发热议，令人遗憾的是，却没有合理的解释。作者认为这个问题的答案非常简单，在20世纪20年代发生了8年的膨胀，这创造了一轮波浪运动中运行至1942年的13年三角形。

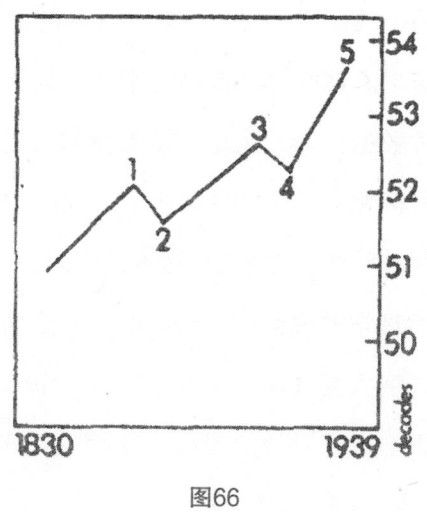

图66

在图66中，我们可以看到温度曲线的重要性。在当前，温度与人类活动的关系并不太大，可是在110年的时间里，它依然形成了一轮完整的5浪上升模式。

很多事物的波峰与波谷之间的周期都相当的固定，如流行病、山猫皮的产量、黄褐天幕毛虫的数量，鲑鱼的洄游等，都遵循固定的周期规律。然而，人类活动的循环并没有统一的时间间隔。它们所遵循的，是与斐波那契数列相符合的波浪运动规则。

动态对称是一种自然定律，也是一切活动所遵循的波浪运动形态的基础。

在人们发现地球是圆的以来，循环已经成为很多专业研究的主题。循环主要有三种类型。第一类是最高点与最高点之间，以及最低点与最低点之间，它们的周期是统一的，如昼和夜、1年中的四季、潮汐、流行病、气候、昆虫的群落。第二类是由于天文现象所导致的周期性波动；第三类是模式、时间与比例符合由数学家斐波那契所揭示出来的斐波那契加法数列。

牛津大学的A.H.丘奇教授撰写了一本题为《花叶序与机械原理的关系》的书，这本书非常有意思。花叶序是指植物中叶子的分布。杰伊·汉比齐先生花了许多年研究各种数据记录，他是《动态对称的实际应用》这本书的作者。该书其中有一章的标题为《花叶序原则》，原书中的第27页和第28页的部分内容在作者的这本书中的第二章进行过复述引用。

伊利诺伊大学的病理学教授威廉·F.彼得森博士也曾经出版过一本非常重要的图书，书名是《病人与气候》（*The Patient and the Weather*）。在书中，彼得森博士绘制出了疾病发展的图形，其模式与其他任何活动的模式非常相似，当然这里面也包括股市波动的模式在内。

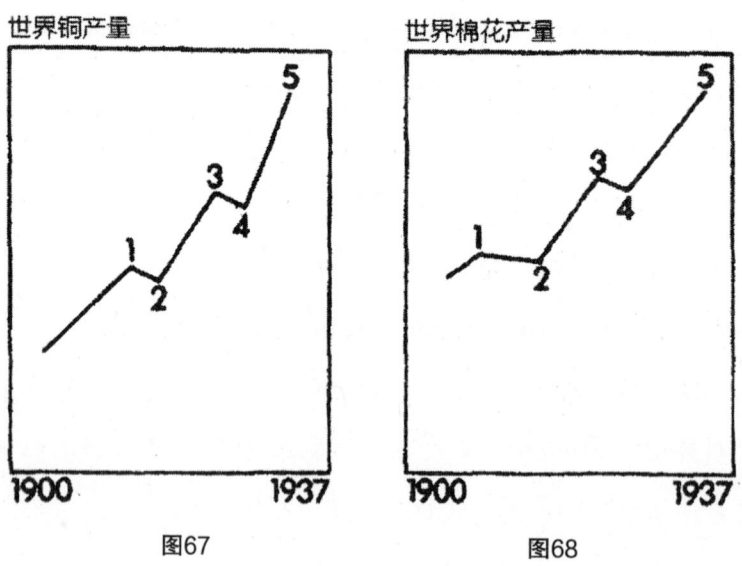

图67　　　　　　　　图68

第二十一章
"大萧条"的谬误

事实上,仅从股票市场来看,"大萧条"这一常见表述是错误的。根据波浪运动原则,1929—1932年的股市下跌,只不过是对前一轮上升行情的一次调整而已(幅度较大)。词典对"萧条"的解释是"在正常的表象之下"。科罗拉多州的大峡谷是一个"洼地",因为它的每一边都远在"正常的表象之下"几千米;而从落基山山顶一直到太平洋的深海海底,这是一种"调整",但不是一种"洼地"。在股票市场里,也不会存在一种叫做"萧条"的东西,如果有的话,那么从落基山顶到太平洋是一个"洼地"这个说法就成立了。造成这一错误表述的原因有很多,甚至多得都数不清。

未进入股市或者对股票毫无兴趣的大众可能已经习惯了1921—1929年这一个持续较高的就业率阶段。人们会很自然地将高就业率视为一种常态,如此一来,面对1929—1932年的就业率下跌,很多人发现很难达到收支平衡,他们就认为是经济"萧条"了。

在1921—1928年股市上涨期间,市场中的交易者都不断被告知:"我们正处于一个黄金的时代""股市永不会下跌""我们只要大踏步向前走"。"萧条"一词之所以迅速传播开来，美国的很多政客应当对此负责。1929—1932年是股市下跌的早期阶段，胡佛（Hoover）先生时任美国总统，一些人不断鼓吹繁荣"就在眼前"。1932年总统竞选期间，民主党认为共和党和胡佛先生应对"萧条"负责。1932年、1936年和1940年的选举结果表明，大多数选民相信新政，而后来共和党曾将1937—1942年的股市下跌归咎于新政。这些政治上的空话，姑且不论是民主党人还是共和党人说的，第八章和第九章中的图形就会让他们无可辩驳。

在股市中，从来没有"萧条"存在，就像前文说的，人们所说的"萧条"只不过是一次调整而已。一轮完整的循环，既要有大幅的上涨，也会出现相反的下跌，仅此而已。

请大家仔细斟酌下面的一句话

在"黑暗时代"，蒙昧的人们都曾认为世界是平的，而直到今天，我们仍然顽固地让类似的错觉继续流行着。

第二十二章
个体的情绪循环

在本书的其他章节中,作者已经通过图的方式向大家解释了关于人类活动中大众心理的循环波动。接下来,要向大家介绍另一位科学家对于个体情绪循环的研究。1945年11月,《红皮书》(*Red Book*)杂志上刊登了一篇由米隆·斯蒂恩斯先生撰写的文章,在文章中,他报道了科学家雷克斯福德·B.赫西博士长达17年的研究结果。经由麦考尔出版公司(McCall Publishing Corporation)的授权,作者在此引用了这篇文章中的部分内容。

"赫西博士是西弗吉尼亚大学和柏林大学的毕业生,曾获得罗德斯奖学金(Rhodes scholar)……赫西博士根据自己的发现写了一本名为《工人在工作和家庭中的情绪论》(*Workers' Emotionalism in Shop and Home*)。1932年,该书由宾夕法尼亚大学出版。宾夕法尼亚铁路公司一些富有远见的官员对于赫西的工作非常支持……赫西博士应邀去了德国考察,他发现那里的工人的情绪反应与美国的工人相同。

赫西博士已经证实了人类情绪存在周期性的高涨和低落，他已经观察并研究人类的情绪超过了17年。其研究表明，所有人的情绪总是高低起伏的，几乎就跟潮汐一样。他发现，做过全部测试的每个人，过了几周后，都会陷入一种非常有规律的模式。赫西博士的图显示，大约每五周一个人就会变得更加挑剔。

你可能会认为，是不时出现的霉运让你陷入沮丧；与之相对，好消息会让你一下子高兴得忘乎所以。现在科学告诉你错了。如果你精力充沛，情绪高涨，那么好运会让你飞得更高；如果你心中满是郁闷，那么好消息只会暂时让你好受点，仅此而已。

人类的情绪通常每隔33天至36天就会出现高涨和低落，这些因素的高涨和低落与股市走势极其类似。

血液胆固醇的含量循环周期为56天左右……甲状腺的分泌决定了总的情绪循环，其分泌量通常在4周至5周内从最低到最高又返回……甲状腺机能亢进患者的周期可能缩短至3周。

男人和女人之间的循环周期并没有明显差别。"

斐波那契加法数列包括数字3、5、34和55。然而，其时间周期并不总是十分精确。因此，倘若出现"33~36"这样一个周期的话，那么其基本周期大约就是34。在此，必须强调一下，在第55个基本周期中还包括56。

因此，假如你正因为家人或朋友、雇员或雇主、客户等人感到愤怒，那么作者建议你仔细阅读一下本章所介绍的内容。总有一些人与你有相同的情绪周期，不要让你的周期与其他人的周期纠缠在一起。

第二十三章
毕达哥拉斯

毕达哥拉斯（Pythagoras）是生活在公元前5世纪的一位了不起的人物，他对人类的贡献是非常巨大的。在这里，作者真诚地建议读者们去阅读一下《大英百科全书》中关于他一生中丰功伟绩的报告。毕达哥拉斯是一位非常有恒心的研究者，一直致力于发现别人未曾发现过的其他事物。他曾经访问过埃及，因为埃及正是"世界文明的发源地"之一。

毕达哥拉斯为人所知的主要成就在于数学方面。但是，在作者看来，他最为重要的发现其实一直被世人忽视了。毕达哥拉斯曾经画了一个三角形，并在下面放了一个隐晦的标题——"宇宙的秘密"，关于这一点，前文提到过。

1945年，约翰·H.曼纳斯（John H.Manas）先生曾写过一本书名字叫《破解生命的谜团》。在书中，他关注了毕达哥拉斯的一幅画，而作者经由加利福尼亚州洛杉矶市哲学研究学会负责人曼利·P.豪尔的授权，在此引用了这幅画。

我们可以看到,这幅画中有很多符号。这些符号我们先放在一边,把注意力放在以下两项内容上:一是毕达哥拉斯右手托着的金字塔;二是图画右下角的三个正方形。

右手托起的金字塔代表吉萨大金字塔,据推测,这座金字塔始建于公元前1000年,或者更早一些。这座金字塔一直被认为是"世界七大奇迹"之

第三部分　自然法则——宇宙的奥妙

一。就像前文所说的,大金字塔测量的精度和使用的巨大大理石基座的准确性都堪称奇迹。然而,这些特点跟用符号表示的知识相比,就显得不那么重要了。《圣经》(以赛亚书：19)所说的可能就是它,上面写道:"当那日,在埃及的土地中必有为耶和华筑的一座坛,在埃及的边界上必有为耶和华立的一根柱。"

作者在第二章中绘制了这一金字塔的不同角度视图。为便于参考,本人又在此处绘制出一个侧视图,如图69所示。

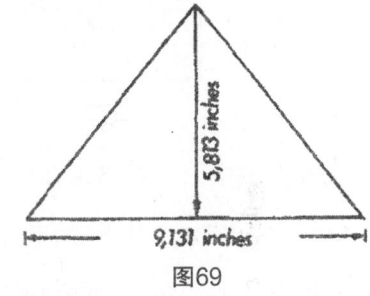

图69

在这个四边锥形体中,一个侧面的底边长9 131英尺,4个侧面的底边长合计36 524.22英尺,这用符号代表了我们的太阳年的天数,365.25天。我们的日历年有365天,但每隔3年都必须加上一天(2月29日),这叫做"闰年",4年的总天数是1 461天。

金字塔的高度是5 813英尺,一条底边的长度是9 131英尺。高度与底边的比值是63.6%。金字塔有5个面和8条线,5加8等于13。请注意高度,5 813英尺——5、8和13,5是8的62.5%,8是13的61.5%。

在一般的人类活动中,一轮上升运动由5个浪组成:3个上升浪和2个调整浪。一轮循环由5个上升浪和3个下跌浪组成,合计8个浪。所有的浪级——子浪、中浪和大浪都是如此,此部分内容可以参见本书第四章。

画中毕达哥拉斯右手下面的图形如图70所示。作者已经把画中有阴影的方格标上了数字。右上方的正方形有5个有阴影的方格,左上方的正方形有8个有阴影的方格,下面的正方形有13个有阴影的方格。这些数字与金字塔的高度完全一致。

211

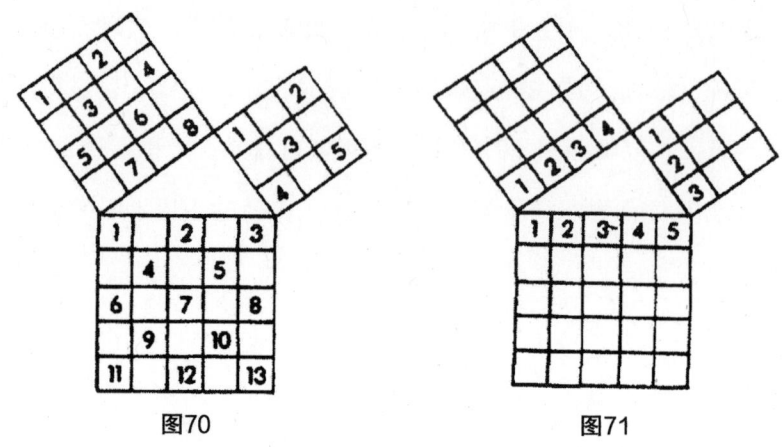

图70　　　　　　　图71

在图71中，小方格现在用不同的方法标上数字，即：

1. 1、2和3，其中3的平方等于9；

2. 1、2、3和4，其中4的平方等于16；

3. 1、2、3、4和5，其中5的平方等于25。

也就是直角三角形的斜边的平方等于另外两条直角边的平方和——这是毕达哥拉斯众多著作中最广为人知的发现。

现在回到斐波那契数列，从1~144。这些数字构成了毕达哥拉斯所指的"宇宙的秘密"。植物学中最佳的例子是向日葵，而在任何动物的身体中，应用的数字是3和5。在毕达哥拉斯的这幅画中还有许多其他符号，而这幅画本身或许只不过是一个想象的概念图而已。

第二十四章
碎片分析

波浪运动中的各浪成交量

一般情况下，在一轮主升行情中，浪5的成交量不会超过浪3的成交量，要比浪3的量少一些。只有成交量增加，另一轮上升行情才会出现，一路涨到成交量不增加时并创出新高，如图72所示。请大家注意，假如浪2的成交量比浪1的成交量少，那么这将是一种后市看好的迹象。

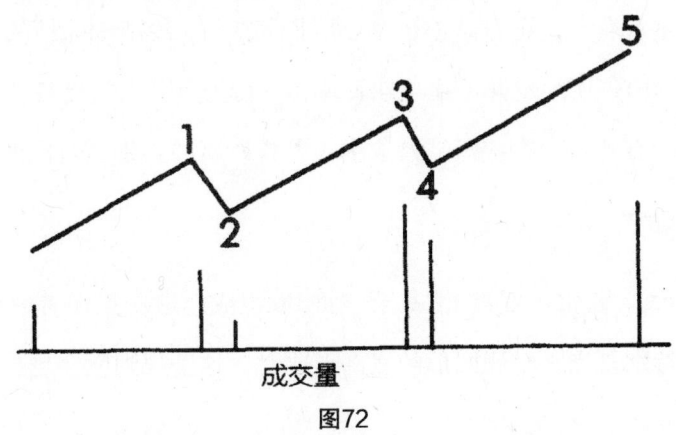

图72

圆

"循环"的完成也就是一个圆的生成,这种特征经常出现在股票的图形中。如图73中的圆就被分成4部分——A、B、C和D。当满足以下两个条件:一是图形向下环绕时,如C部分一样;二是从波浪的数量来看,这种向下的形态已经完成,那么就可以预期,一个或更多的"3浪"运动将会在底部发展起来,然后是加速上升,如D部分。整个图向上或向下转就会得到C和D部分的组合,即整个圆形的下半部分。

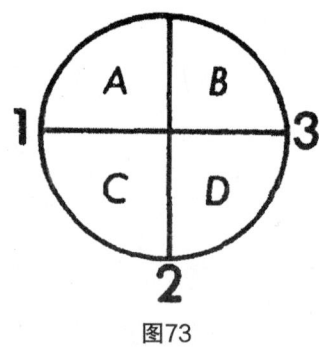

图73

在1945年年底发生的美国罢工潮,也只不过是将钟摆从左边拨到了右边。如图73,从1到2再到3。在1906年劳工被组织起来之前,客观的事实是很大一部分雇主对雇员、竞争对手和大众是非常专制、冷酷和无情的。但是今天某些罢工者的所作所为也并不比早期管理者的行为差。人类自身的活动都有其自身的循环,有些长,有些短,这取决于各自所属的类别和范围的不同。

"A—B底"

"A—B底"通常由双重3浪甚至三重3浪组成,这一点作者曾在前文中特别提到过。特别是当一个倒圆形的底部形成时,这条规则就会越显正确。

第二十五章
1942—1945年的美股大牛市

在前文的图表中,我们已经看到道琼斯工业股票平均价格指数从1928—1942年的13年三角形显现出来。正如作者在第五章的图31、图32和图38中所描述的那样,三角形之后会出现突刺。

图74为道琼斯工业股票平均价格指数从1942—1945年的走势波动图。每一条竖线都代表1个月的变动。大浪①很短,大浪③较长,而波浪运动中的中浪分别用小写字母a、b、c、d和e表示。另外,我特别提醒投资者注意位于浪b和浪d之间的基线。从1943年7月至11月的大浪④由三个分别用小写字母a、b和c标记的三个中浪组成。大浪⑤从1943年11月持续到1945年12月,其中浪"A"和浪"B"历时5个月。在这一时期的日变动和周变动曲线中,每个浪都由3个浪组成。

从字母B到数字1是中浪1,因为它由日变动走势图中的5个浪组成。中浪也由5个浪组成,分别用小写字母a、b、c、d和e(延伸浪)来表示。延伸浪在三个驱动浪1、浪3和浪5中始终不超过1次。中浪5由周变动中的5个浪组成，并在1945年12月10日到达196.59点，略微超出了平行线。1945年12月10日之后，形成了一个不规则顶部，在1946年2月4日到达207.49点。

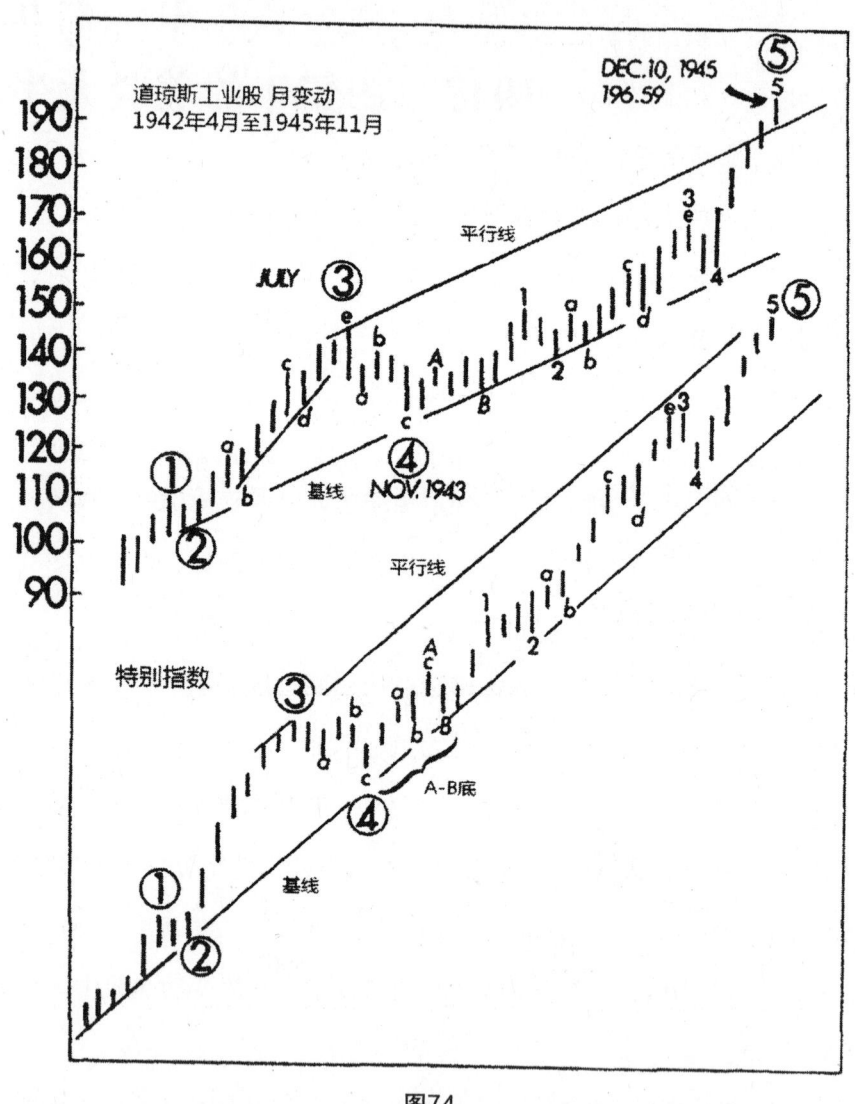

图74

1943年11月至1945年12月大浪⑤的模式非常特别：从1943年11月至1945年8月一直紧贴着基线前进，一般来说应该是笔直地朝平行线前进。之所以会

第三部分 自然法则——宇宙的奥妙

出现这一反常情况，是因为有一批新手加入了股市，这些投资者怀揣着大笔资金，却没有多少投资经验。他们青睐低价股而不是那些公认的平均指数所代表的成熟期股票。为了把这种反常的干扰消除掉，作者设计了一种表现正常的特殊指数，如图74下部的走势图所示。我们可以看到大浪⑤并没有贴近基线，而是从头到尾沿着一条直线前进。

另外在图74的上部，工业股票平均价格指数在1945年12月10日到达了其正统顶部196.59点。而后，一个不规则顶部——浪"B"——正在形成，它的后面应该紧跟着浪"C"。

评论与总结

从前文的图51中，我们可以看到1928—1942年美国股指的13年三角形。参考第五章，我们就可以注意到一个规律：三角形总是作为浪4出现，而出现三角形时，浪5将超过浪3的顶部。

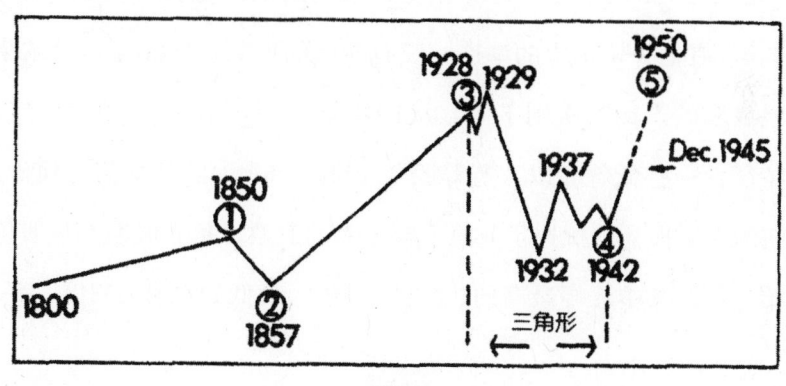

图75

图75是美国股指从1800—1945年的走势图。在1857年之前，美国还没有股市数据记录，于是，作者在图中所描绘的1800—1857年的浪①是以美国的商业历史数据为依据的。1928年11月是浪③的正统顶部，三角形调整浪（浪

217

④）就是从这点开始的。1942年4月，这个三角形结束，而"突刺"（浪⑤）开始。"突刺"总会超过浪③的顶部，在本例中，也就是1928年11月所到达的点位。

1921—1928年的波浪运动，由三轮牛市和穿插于其中的两轮亚正常熊市所组成。截至1945年12月，一轮牛市又将来临，因此1942年之后的模式与范围会与1921—1928年的股市运动相似。也就是说，日后的股市走势同样会由三轮牛市和穿插于其中的两轮亚正常熊市所组成。

道琼斯工业股票平均价格指数从1921年的64点开始，至1928年11月上涨到299点，累计上涨了235点。1942年4月开始的突刺从93.93点开始，加上235点，结果等于328点，这个点位要比1928年11月浪③的终点高出29点。整个突刺的完成可能会需要8年，在1950年结束，与1921—1929年的走势相类似。

与1921—1928年的美股走势相比，波动的顺序也会有区别。在1921—1928年，第1浪是一轮正常的牛市，没有膨胀的现象。1928年11月结束的第5浪明显是膨胀的。而这次则不同，从1942年至1945年的第1浪就已经显示出膨胀的特征，一些低价股以"蓝筹股"（blue chip）的低估值为代价急剧拉升。《纽约太阳报》曾挑选了96只大幅上涨的股票，每只股票都从股价低于2美元开始上扬，其中涨幅最高的达到了133倍，最低的也有4.33倍，平均涨了27.76倍。

在前面，作者通过图介绍的波浪运动模式其实也是美国发展的一个缩影。美国之所以取得如此非凡的发展，主要有以下原因：

1.地理位置和国界：一个正方形，两边大洋为界，另外两边则与友邦接壤。

2.纬度与气候：亚热带气候，有利于农业发展。

3.自然资源：黄金、铁、煤、石油、木材丰富，水路交通良好。

4.人才和个人的能动性：从1850年至1929年在美国申请的专利数量及其带来的价值是惊人的。而对照前文提到的专利申请数量可知，其与股市波浪在时间和模式具有高度一致性，反过来，它又反映了商业活动和大众心理。

5.民主观念：政府的组织形式使得个体的能动性得到了更好地发挥。但是，这并不代表这种形式已经达到完美的程度，只不过证明了我们所走的路线是正确的。